Ismael Leandry-Vega

«La acreditación es un proceso voluntario y no gubernamental mediante el cual un centro educativo acude a una institución privada con el fin de ser evaluado.»

Bircham International University

«El proceso de acreditación es voluntario y se inicia a solicitud de la institución a la entidad acreditadora.»

Consejo de Educación Superior de Puerto Rico

«La acreditación es un proceso voluntario y no garantiza una educación valiosa.»

Atlantic International University

I0477069

Molinos de Diplomas

Análisis jurídico y educativo sobre las universidades no acreditadas

Editorial Espacio Creativo

Scotts Valley, California

ISBN-13: 978-1466339521

ISBN-10: 1466339527

Datos para catalogación:

Ismael Leandry-Vega

Molinos de Diplomas: análisis jurídico y educativo sobre las universidades no acreditadas

Editorial Espacio Creativo. 2011. Scotts Valley, California

✓ Acreditación

✓ Acreditación de universidades

✓ Derecho constitucional

✓ Derecho educativo

✓ Educación

✓ Educación superior

✓ Grados académicos

✓ Licenciamiento de instituciones de educación superior

✓ Molinos de diplomas

✓ Universidades

Tabla de contenido

Capítulo I
Justificación

Capítulo II
Objetivos del libro

Capítulo III
Definición de términos

Capítulo IV
Revisión de literatura

Capítulo V

Discusión de resultados

Capítulo VI

Conclusiones y recomendaciones

Agradecimiento

A los amigos de la Facultad de Derecho Eugenio María de Hostos, por demostrar que una institución de educación superior no tiene que estar acreditada para ofrecer una educación de calidad.

Dedicatoria

A los amigos del Consejo de Educación Superior de Puerto Rico, por razón de que sus incansables luchas han logrado que la educación superior en Puerto Rico sea de calidad.

Molinos de Diplomas

Resumen

El Derecho Constitucional claramente establece que las reservas indias, los territorios y los estados estadounidenses son, indiscutiblemente, los únicos que pueden regular y supervisar —dentro de sus respectivas zonas territoriales— todo lo que esté relacionado con la educación superior.

Es importante tener en cuenta que el poder antes mencionado: (1) emana de la propia Constitución de los Estados Unidos de América; y (2) le permite a las instituciones de educación superior, entre otros asuntos, operar legalmente dentro del territorio estadounidense sin la necesidad de estar acreditadas por agencias de acreditación que estén reconocidas por el Gobierno de los Estados Unidos de América.

Debe tenerse en cuenta que el Departamento de Educación de los Estados Unidos de América, a diferencia de la creencia popular, no tiene la facultad legal para regular de manera directa la educación superior que se imparte dentro de un territorio, estado o reserva india.

Igualmente, las agencias de acreditación que están reconocidas por el Departamento de Educación de los Estados Unidos de América no tienen, bajo ningún concepto, el poder legal para regular la educación superior que se imparte dentro de los estamentos, territorios y reservas indias estadounidenses. Lo único que pueden hacer esas agencias de acreditación, que son entidades privadas, es acreditar instituciones de educación superior en aras de que puedan recibir ayudas económicas federales: (1) para ellas; y (2) para sus estudiantes.

Por consiguiente, son legales y válidos los grados académicos que confieren las instituciones de educación superior que operan legalmente dentro de un estado o territorio estadounidense, aunque dichas instituciones no estén acreditadas por una agencia de acreditación reconocida por el Departamento de Educación de los Estados Unidos de América.

Ahora bien, debe advertirse que para que un grado académico sea legal en los Estados Unidos de América, es requisito indispensable que la institución de educación superior que lo haya conferido esté licenciada por algún gobierno estatal o territorial. De no ser así, la institución de educación superior que no esté licenciada para otorgar grados académicos se le clasifica como una *universidad patito*, y como consecuencia de dicha clasificación, sus operadores podrían ser enviados a la cárcel por cometer el delito de fraude.

Además, los estudiantes que obtengan grados académicos de universidades que operan ilegalmente en los Estados Unidos de América: (a) se exponen a ser arrestados; y (b) se exponen a perder sus empleos.

Capítulo I
Justificación

I. Justificación general

De entrada, es preciso comenzar señalando que el tema principal de este libro —llamado *Molinos de Diplomas*— se relaciona con la educación, particularmente con la educación universitaria. La razón por la cual seleccionamos la educación superior como tema principal de este libro es, principalmente, porque la educación es lo único que saca al ser humano de su estado natural de animal. Es decir, sin educación cualquier ser humano en buen estado mental se comportaría como un animal salvaje.

Lo anterior nos hace recordar un caso que ocurrió en Francia. Allí, durante el año 1800, las autoridades encontraron dentro de una selva a un pequeño niño de doce años de edad que: (1) nunca había recibido algún tipo de educación; (2) había sido abandonado —en la selva— desde que era muy pequeño.

Precisa destacar que ese niño, al momento de ser encontrado, se comportaba como un animal salvaje, o sea, andaba desnudo, corría en "cuatro pies", trepaba en los árboles, bebía agua en los cuerpos de agua dulce de la selva, realizaba gemidos, entre otros comportamientos típicos de los animales salvajes.

Luego de un tiempo, el salvaje niño fue ayudado por varios educadores que hicieron todo lo posible por educarlo. De hecho, es de saber que los educadores hicieron una labor muy buena con el salvaje niño. Puesto que al cabo de unos meses, el pequeño salvaje aprendió los nombres de muchos de los objetos que se le mostraban, «pudo leer y escribir frases simples, expresar deseos, seguir órdenes e intercambiar ideas. Demostró afecto..., al igual que emociones de orgullo, vergüenza, remordimiento y deseo de complacer.»[i]

Sobre lo anteriormente discutido, puede notarse la importancia de la educación en los seres humanos. El caso plasmado es demostrativo de los enormes daños que pueden sufrir las personas: (1) si no son educadas durante sus primeros años de vida; o (2) si son deficientemente educadas durante sus primeros años de vida. Por eso es que el filósofo **Immanuel Kant** estaba en lo correcto cuando escribió, en lo pertinente, que «tan sólo por la educación puede el hombre llegar a ser hombre. El hombre no es más que lo que la educación hace de él.»[ii]

Por otro lado, es importante tener claro que el ser humano es un animal malvado por naturaleza, al punto de que adora cometer actos perniciosos en contra de otras personas. Ni la evolución ha logrado quitarle esa característica al ser humano. Y sobre esta cuestión, no está de más recordar que varios expertos en la conducta humana han corroborado la tesis señalada.

Un buen ejemplo sobre eso lo provee el **Dr. Sigmund Freud**, un reconocido psiquiatra austriaco. Puesto que el doctor Freud, después de estar muchísimos años bregando con seres humanos, llegó a la conclusión de que «los impulsos primitivos, salvajes y malignos de la humanidad no han desaparecido en ninguno de sus individuos sino que persisten, aunque reprimidos, y esperan ocasiones propicias para desarrollar su actividad.»[iii]

Nótese que de lo antes señalado se desprende que las características violentas y naturales que habitan dentro del cerebro humano están reprimidas. Y si ello es así, la pregunta que nos tenemos que hacer es la siguiente: ¿qué es lo que permite que los seres humanos controlen y repriman sus instintos violentos? La respuesta es sencilla, a saber, la educación. Nos explicamos.

Los seres humanos aprenden a través de la educación, tanto a través de la educación social que reciben en sus hogares y a través de la educación formal que reciben en las instituciones de educación, que deben controlar sus instintos violentos si es que no quieren tener problemas con otros seres humanos y/o con la justicia.

Por eso es que es correcto decir que la educación juega un papel fundamental a la hora de controlar los comportamientos de los seres humanos, especialmente la conducta criminal y la conducta culturalmente catalogada como inmoral. Y como eso es así, tenemos que decir que el maestro **Pitágoras** —un afamado matemático y filósofo griego— tenía toda la razón cuando indicó lo siguiente: «educad a los niños y no será necesario castigar a los hombres.»[iv]

Dicho eso, debe tenerse en cuenta que en estos últimos siglos la educación postsecundaria se ha convertido en un asunto fundamental para la vida social. Puesto que a través de dicha educación las personas seleccionan —de cierta manera— en qué áreas del saber desarrollarán sus intelectos, con el fin de contribuir al desarrollo de las sociedades en las que interactuarán. Así, por ejemplo, los estudiantes que estudian Derecho escogen desarrollar sus intelectos en cuestiones legales por razón de que desean, entre otras aspiraciones: (1) desarrollar y mejorar el Derecho; (2) tener dinero en el bolsillo; y (3) proteger los derechos de las personas, claro está, a cambio de dinero.

Y como todo lo antes mencionado es la pura verdad, tenemos que decir que el corrupto y politizado **Gobierno de Puerto Rico** tiene toda la razón cuando dice, en lo fundamental, que «la educación resulta fundamental para el desarrollo de sociedades modernas…y para que sus ciudadanos alcancen una calidad de vida óptima.»[v]

Además de lo discutido, hay que tener en perspectiva que la educación postsecundaria se ha convertido, particularmente en estos contaminados y corruptos tiempos de la modernidad, en una de las formas de salir de la pobreza extrema. Al respecto, valga saber que reiteradamente se ha demostrado que las personas que cursan estudios en instituciones de educación superior y que logran obtener un grado académico tienen, incuestionablemente, altas posibilidades de «ganar más del doble que los que no estudiaron.»[vi]

Teniendo en cuenta lo anterior, valga saber que la *Oficina del Censo de los Estados Unidos de América* realizó, durante el año 2007, un estudio sobre las ganancias económicas que obtienen los trabajadores puertorriqueños que han logrado obtener títulos universitarios, versus los trabajadores puertorriqueños que no han obtenido grados académicos.

Y los resultados de dicho estudio demostraron, en lo pertinente, que «los trabajadores con un título universitario en Puerto Rico obtienen en promedio el doble de los ingresos de quienes cursan solamente la secundaria, lo que ha aumentado en 21% el número de jóvenes con licenciaturas o estudios superiores…».[vii]

Siguiendo con este mismo asunto, valga saber que el *Departamento de Educación de los Estados Unidos de América* publicó, durante el año 1995, los hallazgos de un estudio que realizó sobre lo que venimos explicando.

Y los resultados de dicho estudio demostraron, en lo pertinente: (a) que una persona que tenga un grado académico gana más dinero —cerca de un ochenta y cinco por ciento más— que una que no tenga un grado académico; y (b) que una mujer que posea un grado académico gana más dinero —cerca de un setenta y cinco por ciento más— que una mujer que sólo tenga un título de escuela secundaria.[viii]

Tomando en consideración todo lo antes expuesto, es incuestionable que la educación juega un papel fundamental en el desarrollo social, económico e intelectual de los seres humanos; y de ahí es que nace la justificación del tema principal de este pequeño libro.

II. Justificación específica

Todos sabemos que millones de seres humanos, en aras de desarrollar de una manera adecuada su intelecto, han tomado la ruta de los estudios universitarios. También sabemos que la inmensa mayoría de los jóvenes estudiantes desean, entre otros anhelos, cursar estudios en las instituciones de educación superior más respetadas y famosas. Por motivo de que hay una creencia popular que establece, en lo pertinente, que entre más prestigiosa sea una institución de educación superior: (1) más desarrollado y adecuado será el conocimiento adquirido; y (2) más y mejores oportunidades de empleo se obtendrán una vez obtenidos los diplomas.

Con ese trasfondo en mente, y habiendo comenzado la delimitación del tema principal de este libro, tenemos que mencionar que la inmensa mayoría de los estudiantes que cursan o desean cursar estudios universitarios en las instituciones de educación superior que ubican en los Estados Unidos de América, a la hora de seleccionar una institución de educación superior, analizan varios aspectos.

Entre ellos: (1) las licencias que tienen las instituciones de educación superior para poder otorgar los grados académicos de manera legal; y (2) las acreditaciones reconocidas que tienen las instituciones. Y de esos dos aspectos, es incuestionable que los estudiantes le otorgan más importancia a los asuntos relacionados con las acreditaciones.

A este respecto, es importante mencionar que la inmensa mayoría de los estudiantes hacen lo anterior por motivo de que en los Estados Unidos de América, los grados académicos que son conferidos por instituciones de educación superior que operan legalmente con una licencia estatal y que no están acreditadas por agencias de acreditación reconocidas —por el Departamento de Educación de los Estados Unidos de América— son, por sorprendente que parezca, muy mal vistos.

De hecho, esos grados académicos son tan mal vistos en algunos territorios y estados de la federación estadounidense que, por sorprendente que parezca, se considera ilegal la utilización de dichos grados académicos para asuntos relacionados con empleos e inmigración. Y eso ocurre, por asombroso que parezca, aunque las instituciones de educación superior que confirieron los grados académicos hayan tenido, al momento de conferir los grados académicos, todos los permisos necesarios para operar legalmente.[ix]

Ahora bien, no se puede pasar por alto que el desdén hacia las universidades licenciadas pero no acreditadas también ocurre por motivo de que la inmensa mayoría de los ciudadanos de los Estados Unidos de América, que se jactan de estar bastante instruidos, no comprenden su propio sistema de educación superior.

De hecho, la ignorancia es tan enorme que la inmensa mayoría de los ciudadanos creen, erróneamente, que si una institución de educación superior que opera legalmente dentro de un estado no está acreditada por una agencia de acreditación reconocida por el Departamento de Educación de los Estados Unidos de América, los grados académicos que confiera son ilegales y fraudulentos.

Comentando sobre este particular, nos dice el *Dr. Richard J. Hoyer* —director del Educational Quality Accreditation Commission— lo siguiente:

> *«Lay persons and professionals alike [in some countries] have been brainwashed to think that to have a legitimate college or university degree, it must be accredited. The average person and most professionals....believe or have been told throughout the years, that accreditation equals a legitimate degree. This is not true.»*[x]

Y ahí está la justificación específica para realizar este libro. Es decir, a través de este libro trataremos de averiguar si es correcta la creencia popular sobre las instituciones de educación superior que, a pesar de que operan legalmente dentro de los territorios y estados estadounidenses, no están acreditadas por agencias de acreditación reconocidas por el Departamento de Educación de los Estados Unidos de América.

Dicho de otra manera, a través de este libro trataremos de averiguar si son legales o no los grados académicos que confieren las instituciones de educación superior que, a pesar de no estar acreditadas, están autorizadas a operar por parte de los gobiernos estatales y territoriales de los Estados Unidos de América.

Capítulo II
Objetivos del libro

I. Objetivo general

Como ya manifestamos, pretendemos con este pequeño libro averiguar si los grados académicos que confieren las instituciones estadounidenses de educación superior que no están acreditadas por agencias de acreditación reconocidas por el Departamento de Educación de los Estados Unidos de América, son legales o no.

Ello le permitirá al lector, entre otros asuntos, poder entender de una mejor manera —especialmente de una manera legal— el sistema de educación superior de los Estados Unidos de América. Además de eso, el libro también le permitirá al lector entender cuáles son las diferencias legales entre los procesos de acreditación y los procesos de licenciamiento de las instituciones de educación superior.

El libro también les permitirá a los empleados y administradores de las instituciones de educación superior, entre otros asuntos, realizar un análisis ponderado y legalista sobre la validez de los grados académicos que confieren las instituciones de educación superior que, a pesar de estar autorizadas a operar, no están acreditadas por agencias de acreditación reconocidas por el Departamento de Educación de los Estados Unidos de América.

De manera que no vayan a cometer errores legales: (a) cuando vayan a analizar las credenciales de los profesores y de las personas que soliciten empleos como profesores; (b) cuando estén analizando las solicitudes de convalidaciones de créditos que sean solicitadas por los estudiantes que hayan cursado estudios en instituciones de educación no acreditadas.

Lo anterior es bien importante, ya que en muchas instituciones de educación superior y en muchos centros de trabajo del mundo se cometen errores legales, y en algunas ocasiones bien crasos, con muchas de las personas que han obtenido grados académicos de instituciones de educación superior que, aunque operan de manera legal, no están acreditadas. De hecho, valga saber que se han visto muchísimos casos en donde empleados que laboran en universidades y en agencias gubernamentales, debido a sus grandes ignorancias, han cometido crasos errores con graduandos de instituciones no acreditadas.

Lo anterior nos hace recordar un incidente que ocurrió en México. Allí, durante el año 2007, la Secretaría de Educación Pública de México emitió un comunicado en donde manifestó que una universidad llamada *Pacific Western University*, ubicada en los estados de California y Hawái, operaba ilegalmente en los Estados Unidos de América.

También manifestó que los grados académicos que había conferido dicha institución de educación superior no tenían validez en territorio mexicano, por razón de que no estaba acreditada por una agencia de acreditación reconocida por el Departamento de Educación de los Estados Unidos de América.[xi]

Es incuestionable que la acción de los funcionarios de la Secretaría de Educación Pública de México fue, por decir lo menos, una gran brutalidad. Por razón de que la institución mencionada sí tenía la facultad legal para otorgar grados académicos en los Estados Unidos de América. De hecho, al momento de brindar la información, la universidad tenía todos los permisos necesarios para otorgar grados académicos en el estado de Hawái y en el estado de California.

Además de eso, es indudable que los funcionarios de la Secretaría de Educación Pública de México —por desconocer los aspectos legales y educativos relacionados con el sistema de educación superior— se olvidaron de que en los Estados Unidos de América: (a) la acreditación de las instituciones de educación superior es, como regla general, un proceso voluntario; (b) lo que hace que un grado académico sea válido y legal es, incuestionablemente, que la institución de educación superior que lo confiera esté licenciada por algún territorio o estado estadounidense.[xii]

Por otro lado, no está de más mencionar que este pequeño libro también ayudará a las personas que pretenden realizar estudios postsecundarios en los Estados Unidos de América. Y esa ayuda consiste en que las personas podrán entender, de una manera legalista, el funcionamiento del sistema postsecundario estadounidense. Lo anterior, a su vez, ayudará a las personas a seleccionar una institución de educación superior que sea adecuada a sus necesidades y metas.

En fin, este libro se realiza teniendo en mente que «la educación superior es una prioridad para la realización de las personas, por ello, elegir la institución educativa que cuente con instalaciones, planes y programas de estudio de calidad es una tarea que se antoja delicada.»[xiii]

II. Objetivo específico

Llegados a este punto de la discusión, es importante aclarar cuál será nuestra metodología de investigación o propuesta investigativa para realizar este libro. Lo primero que se debe saber, es que este pequeño libro es de carácter *exploratorio-descriptivo*. Puesto que se va a investigar, desde una óptica legal, si son legales o ilegales los grados académicos que son conferidos por las instituciones de educación superior: (1) que están autorizadas a operar dentro de un territorio o estado estadounidense; y (2) que no están acreditadas por agencias de acreditación reconocidas por el Gobierno de los Estados Unidos de América.

Dicho lo anterior, entendemos que es importante explicar qué es eso que se llama investigación exploratoria-descriptiva. Al respecto, valga saber que una investigación exploratoria-descriptiva es una investigación «que se preocupa por las condiciones o relaciones existentes; los puntos de vistas; las actitudes actuales; las percepciones referentes a diferentes fenómenos del diario vivir.»[xiv]

Además de eso, valga saber que las investigaciones exploratorias-descriptivas pueden ser definidas como investigaciones que parten del hecho de que hay ciertos asuntos en el mundo: (1) que son pocos conocidos; y/o (2) que han sido seriamente tergiversados. En fin, siempre se debe tener en cuenta que «el objetivo central de estas investigaciones está en proveer un buen registro de los tipos de hechos que tienen lugar dentro de esa realidad y que la definen o caracterizan sistemáticamente.»[xv]

Teniendo en mente lo anterior, es de saber que este pequeño libro es uno que está basado, exclusivamente, en la investigación y en el análisis de la literatura existente en torno al tema bajo investigación. Sobre ello, y como dato curioso, valga saber que este libro es muy parecido a las tesis de grado que se tienen que realizar en muchas de las instituciones de educación superior que operan en el Reino Unido.

En dicho país, muchas instituciones de educación superior les permiten a los estudiantes realizar tesis de grado siguiendo una metodología llamada «*literature based dissertation*.»[xvi] Y a ello hay que añadir que esas tesis de grado deben tener, según la práctica educativa, entre veinticinco mil a ochenta mil palabras.[xvii]

Ahora bien, es morrocotudo realizar una advertencia. Esa regla de que las tesis de grado o los libros de carácter exploratorios-descriptivos tienen que tener cierta cantidad de palabras es, incuestionablemente, un grave error dentro de la academia y dentro del mundo de la publicación. La calidad de una tesis de grado o de un libro exploratorio-descriptivo no se mide por la cantidad de palabras que tenga, sino por la calidad del contenido. Por eso es que estamos de acuerdo con **Sir Isaac Newton** cuando manifestó, en lo cardinal, que «lo que cuenta es el valor del experimento, no su número.»[xviii]

III. Preguntas de investigación e hipótesis propuestas

Por otro lado, es de conocimiento dentro del mundo de la academia que cuando una persona va a realizar un libro de carácter *exploratorio-descriptivo*, debe plasmar varias preguntas específicas que estén relacionadas con el tema bajo investigación. Ello, con el fin de organizar la estructura y el contenido del libro y, sobre todo, para tratar de contestar dichas importantes interrogantes. Por consiguiente, se puede decir que dichas preguntas guías son indispensables: (1) para realizar el escrito investigativo; y (2) para producir datos que tengan probabilidades de ser considerados, por estudiantes e investigadores, como informaciones valiosas.

De igual modo, también se sabe que dichas preguntas de investigación relacionadas con el tema bajo investigación deben ser contestadas por el escritor del libro —ya sea de manera positiva o de manera negativa—, con la finalidad de desarrollar el tema y ver cuáles de las contestaciones planteadas son las correctas. Dicho de otra manera, el autor que realiza un libro exploratorio-descriptivo se plantea varias preguntas de investigación y las trata de contestar con las hipótesis planteadas.

Evidentemente, lo anterior nos demuestra básicamente cómo debe estar organizado el contenido de un libro de índole exploratorio-descriptivo. Lo que se busca es algo bien sencillo, a saber, que el autor plantee preguntas de investigación, que conteste dichas interrogantes con hipótesis y que averigüe, a través del análisis de la literatura, si sus hipótesis estaban correctas o erradas. Es como dice la **Escuela de Ciencias Humanas de la Universidad del Rosario**: «la pregunta plantea el problema…la hipótesis propone una respuesta que la investigación trata de verificar.»[xix]

Habiendo explicado eso, valga saber que en esta sección vamos a plantear las preguntas de investigación que se escribirán a continuación. Además de eso, las hipótesis que contestarán dichas preguntas también serán plasmadas a continuación.

1. ¿Son legales los grados académicos que confieren las instituciones de educación superior que no están acreditadas por agencias de

acreditación reconocidas por el Departamento de Educación de Estados Unidos de América?

> *Hipótesis planteada: no son legales los grados académicos que confieren las instituciones de educación superior, si no están acreditadas por agencias de acreditación que estén reconocidas por el Departamento de Educación de Estados Unidos de América.*

2. ¿El Departamento de Educación de los Estados Unidos de América, controla y supervisa directamente la operación de las instituciones de educación superior en los Estados Unidos de América?

> *Hipótesis planteada: el Departamento de Educación de los Estados Unidos de América, sí controla y supervisa de manera directa la operación de las instituciones de educación superior que operan dentro del territorio estadounidense.*

3. ¿Las entidades privadas de acreditación que están reconocidas por el Departamento de Educación de los Estados Unidos de América, tienen el poder legal para autorizar la operación de una institución de educación superior dentro de un territorio o estado estadounidense?

Hipótesis planteada: las entidades privadas de acreditación que están reconocidas por el Departamento de Educación de los Estados Unidos de América, sí tienen la facultad legal para autorizar la operación de una institución de educación superior en los Estados Unidos de América.

4. ¿Un estado de los Estados Unidos de América, tiene el poder legal para rechazar, para propósitos de empleos gubernamentales, grados académicos que hayan sido conferidos por instituciones de educación superior que, a pesar de no estar acreditadas, sí están operando legalmente en otros estados estadounidenses?

Hipótesis planteada: un estado de los Estados Unidos de América no tiene la facultad legal para rechazar, para propósitos de empleos gubernamentales, grados académicos que hayan sido conferidos por instituciones de educación superior que, a pesar de no estar acreditadas, están legalmente operando en otros estados de la federación.

5. ¿Son legales los grados religiosos que confieren las instituciones de educación religiosa que operan legalmente en los Estados Unidos de América, a pesar de que las instituciones mencionadas no estén acreditadas por agencias de acreditación que estén reconocidas por el Departamento de Educación de los Estados Unidos de América?

Hipótesis planteada: son legales todos los grados religiosos que confieran las instituciones de educación religiosa que operen legalmente en los Estados Unidos de América, aunque dichas instituciones no estén acreditadas por agencias de acreditación que estén reconocidas por el Departamento de Educación de los Estados Unidos de América.

6. ¿Son legales los grados académicos que confieren las instituciones de educación superior que operan legalmente dentro de las reservas indias, a pesar de que dichas instituciones no estén acreditadas por agencias de acreditación que estén reconocidas por el Departamento de Educación de los Estados Unidos de América?

Hipótesis planteada: no son legales los grados académicos que confieran las instituciones de educación superior que operan legalmente dentro de las reservas indias, si dichas instituciones de educación superior no están acreditadas por una o varias agencias de acreditación que estén reconocidas por el Departamento de Educación de los Estados Unidos de América.

IV. Limitaciones de la investigación

Por otro lado, es importante que el lector tenga claro que este libro exploratorio-descriptivo tiene varias limitaciones, a saber:

- ✓ Sólo se circunscribe al territorio de los Estados Unidos de América y al territorio del Estado Libre Asociado de Puerto Rico.

- ✓ Sólo se analizarán las normativas jurídicas y administrativas de carácter federal de los Estados Unidos de América, que guardan relación con la operación de las instituciones de educación superior.

- ✓ Sólo se analizarán las normativas jurídicas de algunos de los estados de los Estados Unidos de América —incluyendo normativas del Estado Libre Asociado de Puerto Rico—, que versen sobre el asunto de la regulación de las instituciones de educación superior.

- ✓ Las recomendaciones que se plasmarán serán de aplicabilidad, únicamente, a los Estados Unidos de América y al Estado Libre Asociado de Puerto Rico.

V. Fuentes de información que se utilizarán

Por otro lado, ya hemos mencionado que este pequeño libro tiene un formato exploratorio-descriptivo que está basado en los trabajos de investigación llamados tesis basadas en la revisión de la literatura. Formato que es común en las universidades del Reino Unido.

También hemos mencionado que los libros que traten sobre un tema en específico y que sean de índole exploratorios-descriptivos deben tener, según la práctica educativa, entre veinticinco mil a ochenta mil palabras. Pues bien, valga saber que para cumplir con esa cantidad de palabras se utilizarán como fuentes de información: (1) treinta y cinco libros; (2) informaciones provenientes de la prensa escrita y de revistas profesionales; y (3) fuentes de información electrónicas.

Y sobre el punto número dos antes mencionado, no está de más mencionar que utilizaremos fuentes de información como ésas ya que nos ofrecen la oportunidad de analizar el comportamiento sociológico de la época.

Es importante señalar, además, que también utilizaremos informaciones provenientes de agencias gubernamentales de los Estados Unidos de América, tanto de agencias federales como de agencias estatales. Inclusive, también se utilizarán informaciones provenientes de organizaciones que gozan de gran prestigio mundial, como por ejemplo: (1) de las agencias de acreditación que están reconocidas por el Departamento de Educación de los Estados Unidos de América; y (2) de la Organización de las Naciones Unidas.

Además de lo anterior, también se debe saber que utilizaremos distintas fuentes del Derecho, como por ejemplo, leyes, reglamentos, jurisprudencias y opiniones legales. Ello, por motivo de que esas fuentes de información son fuentes primarias de gran importancia en los libros exploratorios-descriptivos que tienen relación con el Derecho.[xx]

Cabe señalar, por último, que también utilizaremos el estudio de casos. Por razón de que ese tipo de análisis, entre otras facultades, nos permite plasmar varios ejemplos que versen sobre el tema investigado.

No está de más recordar que el estudio de casos es una metodología investigativa que, además de ser utilizada por distintas disciplinas científicas, «es una investigación empírica que estudia un fenómeno contemporáneo dentro de su contexto real, en la que los límites entre el fenómeno y el contexto no son claramente visibles, y en la que se utilizan distintas fuentes de evidencia.»[xxi]

Capítulo III
Definición de términos

I. Términos

Como todos sabemos, todo libro exploratorio-descriptivo debe tener una sección o un capítulo que ofrezca definiciones de términos. De manera que el lector pueda familiarizarse con el vocabulario empleado.

Valga saber que las definiciones de los términos pueden ser operacionales o factuales, y en este pequeño libro utilizaremos definiciones factuales. Dichas definiciones son las que se pueden obtener a través de un diccionario o a través de la literatura estudiada.[xxii]

Habiendo explicado eso, veamos las definiciones:

1.   **Acreditación** – proceso voluntario mediante el cual una institución de educación superior que opera legalmente, logra ser reconocida por una o varias agencias de acreditación que están reconocidas por el Gobierno de los Estados Unidos de América debido a la alta calidad de sus programas académicos y, sobre todo, debido al excelente manejo administrativo. En los Estados Unidos de América, el fin primordial de la acreditación es autorizar a las instituciones acreditadas a recibir ayudas económicas federales,

tanto para ellas mismas como para sus estudiantes.[xxiii]

2.   **Agencia de acreditación** – corporación privada que, luego de demostrar su peritaje en temas relacionados con la educación superior, es autorizada por el Departamento de Educación de los Estados Unidos de América para acreditar instituciones de educación superior o programas específicos de estudio.

3.   **Escuelas religiosas** – centros de enseñanza que son operados y/o financiados por iglesias o grupos religiosos mayoritarios o minoritarios. «Estos centros escolares imparten una formación humana y religiosa de acuerdo con las normas establecidas por la iglesia respectiva; la formación religiosa pasa a ser un elemento básico en la educación diaria de los alumnos. Dichas escuelas tienden a dar una visión educativa religiosa y moral concreta en todas las áreas curriculares.»[xxiv]

4.   **Grado académico** – título otorgado por una institución de educación superior legalmente establecida, «usualmente significando que se ha completado un curso establecido de estudios, si bien existen también grados honorarios, como el Doctor Honoris Causa, y el D. Litt. (Doctor of Letters).»[xxv]

5. **Grado religioso** - grado conferido, dentro del contexto de una religión o grupo religioso, con el propósito específico de preparar personas para trabajar en el servicio religioso o para brindar educación religiosa. Como regla general, los grados religiosos no sirven para obtener empleos laicos o para desempeñarse en ocupaciones fuera de las religiones o grupos religiosos hacia los cuales están orientados.[xxvi]

6. **Licencias o licencias para operar** – permisos que les conceden los gobiernos de los territorios —y aquí hay que incluir a los gobiernos de las reservas indias— y de los estados de los Estados Unidos de América a las instituciones de educación superior, para que pueda ofrecer educación superior y conferir grados académicos.[xxvii]

7. **Molino de diplomas o "degree mill"** – entidad que vende grados académicos a cambio dinero. También es un molino de diplomas aquella entidad que, a pesar de impartir clases conducentes a un grado académico, no cuenta con el permiso del gobierno para operar legalmente.[xxviii]

8. **Reconocimientos de Validez Oficial de Estudios** – permisos que les otorgan las autoridades educativas de los estados mexicanos, al igual que la Secretaría de Educación Pública de

México, a las instituciones de educación superior para que puedan conferir, de manera legal, grados académicos. Precisa señalar que los certificados de *RVOE* que otorgan las autoridades educativas de los estados mexicanos, tienen la misma validez que los que otorga la Secretaría de Educación Pública de México.[xxix]

9.   **Reserva india** – «territorios de Estados Unidos destinados al asentamiento de determinadas tribus indias.»[xxx]

10.   **Tribu** – «grupo de indios de igual o similar raza unificado en comunidad bajo un liderazgo o gobierno único y asentado en un territorio determinado.»[xxxi]

11.   **Universidad o institución de educación superior** – corporación que está autorizada por uno o varios estados —y aquí hay que incluir a los gobiernos de los territorios y de las reservas indias— de los Estados Unidos de América, para impartir enseñanza a nivel superior. Es decir, para impartir clases a nivel de certificado, grado asociado, licenciatura, maestría, doctorado, entre otros títulos académicos.[xxxii]

12.   **Universidades patito** – «se trata de instituciones más baratas pero con estudios sin reconocimiento de validez oficial.»[xxxiii]

Capítulo IV
Revisión de literatura

I. Introducción

Por otro lado, es harto conocido que todo libro exploratorio-descriptivo tiene que tener un amplio capítulo dedicado a la revisión de la literatura. Y en dicho capítulo, entre otros asuntos, se tienen que analizar y discutir muchas de las fuentes informativas que fueron consultadas.

Valga saber que en los libros exploratorios-descriptivos, al igual que en las tesis de grado, el capítulo que esté dedicado a la revisión de la literatura se justifica por razón de que le permite al investigador, entre otros asuntos, «concretar el tema, dar nuevas direcciones a la investigación, reformular el problema de investigación y los objetivos propuestos, para alcanzar el propósito del estudio que expresa el problema y establece los límites a fin de hallar la respuesta acertada.»[xxxiv]

Habiendo explicado eso, comenzamos con la revisión de la literatura.

II. Control estatal de la educación en los Estados Unidos de América

Tenemos que comenzar diciendo que un diploma es, en apretada síntesis, un «título o credencial que expide una corporación, una facultad, una sociedad literaria, etc., para acreditar un grado académico, una prerrogativa, un premio, etc.»[xxxv] Por su parte, una universidad es una institución de educación superior que «comprende diversas facultades, y que confiere los grados académicos correspondientes. Según las épocas y países puede comprender colegios, institutos, departamentos, centros de investigación, escuelas profesionales, etc.»[xxxvi]

Ahora bien, es importante aclarar que en todos los países del mundo existen normativas jurídicas que regulan y establecen cuándo y cómo una corporación, una facultad, una sociedad literaria, etc., puede otorgar grados académicos de manera legal. Y en casi todos los países, esas regulaciones y normativas son implementadas y supervisadas por agencias especializadas que pertenecen a «la administración pública.»[xxxvii]

Aclarados esos asuntos, precisa indicar que «en los Estados Unidos de América no existe una autoridad federal o ministerio de educación central regulador de la actividad educativa.»[xxxviii] Por ende, para poder operar legalmente una institución de educación superior dentro del vasto territorio estadounidense, lo primero que se tiene que hacer es registrar una entidad educativa en el departamento de Estado de algún territorio o estado de los Estados Unidos de América. Luego de eso, es necesario obtener un permiso especial en donde se autoriza la operación de una institución de educación superior.

Valga saber que dicha licencia de autorización educativa puede ser otorgada por el departamento de educación estatal, por el consejo de educación superior estatal, por el departamento de protección al consumidor estatal o, simplemente, por el propio departamento de Estado estatal.[xxxix]

Lo anterior demuestra que en los Estados Unidos de América, los territorios —y aquí se tienen que incluir los gobiernos autónomos de las reservas indias— y los estados estadounidenses: (1) son los que están encargados de la regulación y del licenciamiento de las instituciones de educación superior; y (2) son los determinan si una institución de educación superior puede legalmente conferir algún grado académico.

Y sobre ese particular, no está de más recordar que la *Oficina de Protección al Consumidor de Hawái* ha manifestado «que en los Estados Unidos de América, la regulación de las instituciones de educación superior es realizada por cada uno de los territorios y estados estadounidenses.»[xl]

Tampoco está de más recordar que el propio *Departamento de Educación de los Estados Unidos de América* ha certificado, en lo pertinente, que los territorios y los estados estadounidenses son los controlan la educación dentro de sus respectivas demarcaciones territoriales. Veamos, con más detalle, lo que nos dice este departamento federal:

The United States has no Federal Ministry of Education or other centralized authority exercising single national control over postsecondary educational institutions in this country. The States assume varying degrees of control over education, but, in general, institutions of higher education are permitted to operate with considerable independence and autonomy. [xli]

Dicho eso, debe tenerse en cuenta que varias organizaciones de elevado prestigio —tanto internacionales como nacionales— y varias instituciones de educación superior que operan legalmente en Estados Unidos de América, también han declarado que los territorios y los estados estadounidenses son los que están legalmente facultados para regular la operación de las instituciones de educación superior.

Un buen ejemplo sobre esto es que la *Universidad de Preston*, que tiene más de veinte centros educativos alrededor del mundo, ha declarado lo siguiente:

«*State governments have full authority to control academic institutions and to authorize schools to issue academic degrees and certificates. This control is implemented through the state licensing process».* [xlii]

Otro ejemplo sobre lo que venimos discutiendo lo provee la *Universidad de Honolulu*, que está situada en el bello estado de Hawái, en los EE.UU. Vean, en lo pertinente, lo que ha manifestado esa institución de educación superior:

> «In the United States, each of the 50 states is empowered to establish its own policy for licensing and awarding degrees.»[xliii]

Otra entidad educativa que ha confirmado lo que venimos discutiendo es la *City University Consortia*, ubicada en el estado de California, en los EE.UU. Según esa entidad educativa, en juicio que compartimos, en los «Estados Unidos de América los gobiernos estatales tienen plena facultad para regular el funcionamiento de las instituciones de educación superior y, sobre todo, para autorizar a las instituciones de educación superior a conferir grados académicos.»[xliv]

Por su parte, la *American City University* —una institución de educación superior que está ubicada en el estado de California, en los EE.UU.— nos informa lo siguiente sobre la acreditación de las instituciones de educación superior:

> «Accreditation is a fully voluntary (...). The federal government itself does not accredit schools, nor does it evaluate the quality of each school. The control is implemented by the state governments, which have the full authority to authorize schools to issue academic degrees and certificates.»[xlv]

Otra institución de educación superior que confirma lo que venimos explicando es el *Covenant Bible College & Theological Seminary*, una institución de educación religiosa que está situada en el estado de Indiana, en los EE.UU. Vean, en lo pertinente, lo declarado por esa institución:

> *«The United States has no Federal Ministry of Education or other centralized authority exercising single national control over postsecondary educational institutions in this country. The States assume varying degrees of control over education...».*[xlvi]

Otra institución de educación superior que nos confirma que los territorios —y aquí hay que incluir a los gobiernos autónomos de las reservas indias— y los estados estadounidenses son los que controlan la educación postsecundaria, es la *Universidad de Boston*. Vean, en lo cardinal, lo que ha indicado esa entidad:

> *«The United States has no Federal Ministry of Education or other centralized authority exercising single national control over postsecondary educational institutions in this country. The States assume varying degrees of control over education...».*[xlvii]

Además de eso, valga saber que el *Cambridge Theological Seminary Internacional* —una institución de educación religiosa que opera legalmente en el estado de Ohio, en los Estados Unidos de América— nos informa, en lo pertinente, que «la autoridad para operar una entidad educativa en los EE.UU. se concede por cada uno de los estados individualmente.»[xlviii]

Otra entidad educativa que confirma lo que venimos explicando es la *Regus University and The American Colleges*, una entidad que está situada en el estado de California, en los EE.UU. Según esa entidad, en los Estados Unidos de América «la regulación y aprobación, en su caso, de instituciones que otorguen títulos es una prerrogativa del Estado.»[xlix]

Por otro lado, sabido es también que algunas instituciones de educación que operan en el extranjero han confirmado lo que venimos discutiendo. Un buen ejemplo sobre esto es que el *Instituto Tecnológico Europeo,* sito en Italia, ha indicado lo siguiente:

> *«The U.S. Department of Education does not accredit educational institutions and/or programs...The States assume varying degrees of control over education...».*[l]

Por su parte, sobre el asunto de que hay organizaciones internacionales o nacionales que han certificado que los territorios —y aquí hay que incluir a los gobiernos autónomos de las reservas indias— y los estados estadounidenses son los que controlan la educación postsecundaria dentro de sus respectivas demarcaciones territoriales, no está de más recordar que el *National Private Schools Accreditation Alliance* es una de ellas. Según esta organización, que opera legalmente en el estado de la Florida en los EE.UU.:

> *«In the United States public authority in education is constitutionally reserved to the States.»*[li]

Otra organización que nos certifica lo que venimos discutiendo es el *International Certification Council*. Según esta organización, que se encuentra en el estado de Delaware, en los Estados Unidos de América:

«*The authority to operate an educational entity in the U.S. is granted by each of the states individually. The U.S. is a federal republic, and the federal government possesses only specific limited powers, with all others reserved to the states.*»[lii]

Además de lo anterior, valga saber que la **Organización de las Naciones Unidas para la Educación, la Ciencia y la Cultura**, es otra organización que ha confirmado todo lo que hemos discutido. Y decimos eso por razón de que esa prestigiosísima organización internacional ha indicado lo siguiente:[liii]

The federal government has no jurisdiction or authority over the recognition of educational institutions, members of the academic professions, programmes or curricula, or degrees or other qualifications. Nearly all U.S. postsecondary institutions are licensed, or chartered, by a state or municipal government to operate under the ownership of either a government (if public) or a private corporation (if independent), and may be for-profit or not-for-profit enterprises.

Teniendo conocimiento de todo lo antes indicado, no está de más que mencionemos en esta parte del libro las razones jurídicas por las cuales los territorios y los estados estadounidenses son los que controlan todo lo que esté relacionado con la educación dentro de sus respectivas demarcaciones territoriales.

Comencemos la discusión mencionando que los fundadores de los Estados Unidos de América, que casi todos eran masones de elevada jerarquía, establecieron en el **Artículo I de la Constitución de los Estados Unidos de América**, entre otros asuntos de gran importancia, las áreas específicas sobre las cuales el Congreso de los Estados Unidos puede legislar.

Son numerosas las áreas sobre las cuales el *Congreso de los Estados Unidos* puede legislar, por lo que vamos a manifestar unas cuantas. Dicho eso, valga saber que el Congreso de los Estados Unidos de América tiene el poder, entre otros asuntos: (1) para imponer contribuciones; (2) para legislar sobre la inmigración; (3) para acuñar una moneda para toda la nación; (4) para legislar sobre la cuestión de los derechos de los autores; (5) para crear tribunales federales; (6) para establecer correos; y (7) para declarar la guerra.

Nótese que en esa lista no se encuentra el poder para legislar sobre la educación. Lo que nos lleva a preguntarnos, ¿quién o quiénes pueden legislar sobre los asuntos que no estén en esa lista, como sería la educación? La contestación es sencilla, a saber, los territorios y los estados estadounidenses se reservaron el Derecho para legislar y controlar todo lo que esté relacionado con la educación.

Por cierto, valga saber que nuestra explicación coincide con la del *Lcdo. Miguel A. Velázquez*, profesor de Derecho de la Universidad de Puerto Rico. Véase, en lo pertinente, cómo el distinguido profesor nos explica esta cuestión de los poderes enumerados en la Constitución de los Estados Unidos de América:

> *Y, los poderes que no estén enumerados allí, ¿quién los puede ejercitar? Los estados de la unión o el Pueblo según dispone la famosa Enmienda X de la Constitución. Fíjense que como se organizó el poder en Estados Unidos fue, vamos a enumerarles al Congreso éstos poderes, se los pusieron, uno, dos, tres, cuatro. Los que no estén en la lista...se los reservó el Pueblo y los estados de la Unión.*[liv]

Ahora bien, es trascendental señalar que lo antes mencionado no es la única razón jurídica —dentro del Derecho Constitucional— que establece que los territorios y los estados de los Estados Unidos de América están encargados de regular los asuntos educativos dentro de sus respectivas demarcaciones territoriales.

Decimos eso ya que en la **Décima Enmienda a la Constitución de los Estados Unidos de América** se estableció, con extrema claridad, que «los poderes no delegados a los Estados Unidos por la Constitución, ni prohibidos por ella a los estados, están reservados para los estados ó para el pueblo.»[lv]

Y como la *Constitución de los Estados Unidos de América* no le otorga el poder al Gobierno de los Estados Unidos para regular la educación superior, son los territorios —y aquí hay que incluir a los gobiernos autónomos de las reservas indias— y los estados estadounidenses los que tienen el poder para regular ese tipo de educación.

Bajo este contexto, no está de más recordar que han sido muchísimas las instituciones de educación superior que han confirmado lo que hemos mencionado en los últimos párrafos. Pero por cuestión de tiempo, vamos a plasmar un ejemplo que está relacionado con una institución de educación religiosa llamada *Cambridge Theological Seminary Internacional.* En ese sentido, vean lo que ha manifestado esa institución religiosa que opera legalmente en el estado de Ohio, en los Estados Unidos de América:

> «*The powers not delegated to the United States by the constitution, nor prohibited by it to the States, are reserved to the States…nothing specific is said about education in the Constitution; therefore it falls outside federal authority.* »[lvi]

Teniendo en mente todo lo antes descrito, podemos llegar a las siguientes conclusiones:

➢ En los Estados Unidos de América, lo único que necesita una entidad educativa para conferir grados académicos de manera legal es, como regla general, un permiso educativo otorgado por una autoridad estatal o territorial.

> Todo grado académico que haya sido conferido por una institución de educación superior debidamente autorizada a operar por el gobierno de un territorio o de un estado de los Estados Unidos de América es, como regla general, legítimo y legal.

III. Universidades sin licencia estatal y las consecuencias legales

Como hemos visto, en los Estados Unidos de América es indispensable que una entidad educativa obtenga un permiso de algún territorio o estado estadounidense para poder conferir grados académicos legales y legítimos.

Por consiguiente, si una entidad se atreve a conferir grados académicos sin estar autorizada por algún territorio o estado estadounidense se expone, entre otras sanciones, a ser clausurada por los funcionarios públicos. Sin contar que los gerentes y directivos de dichas entidades puede ser severamente sancionados, al punto de que pueden ser encarcelados y/o multados.[lvii]

Un ejemplo sobre lo anterior proviene del estado de Maine, en los Estados Unidos de América. Allí, se ha establecido con claridad dentro del Derecho —particularmente en el *Maine Revised Statutes, Title 20-A, Chapter 410: 20-A §10802*—

que, es un ofensa criminal que una persona natural y/o jurídica confiera grados académicos si no cuenta con las licencias gubernamentales correspondientes.[lviii]

Otro ejemplo sobre lo anterior proviene del estado de Nevada, en los Estados Unidos de América. Allí, el Derecho establece con extrema claridad —particularmente en el *NRS 394.670 Criminal penalty*— que, es una ofensa criminal conferir grados académicos sin contar con los permisos gubernamentales correspondientes. Además, dicha ley establece que se comete el delito mencionado cada vez que se confiere un grado académico de manera ilegal.[lix]

Otro ejemplo sobre lo anterior proviene del estado de Nueva Jersey, en los Estados Unidos de América. Allí, el Derecho establece con mucha claridad —específicamente en *N.J.S.A. 18A:3-15.1* y en *N.J.S.A. 18A:3-15.5*— que, es ilegal conferir grados académicos sin contar con los permisos requeridos por la *Comisión de Educación Superior de Nueva Jersey*. Además de eso, dichas normativas jurídicas establecen que si una persona se atreve a conferir un grado académico sin los permisos correspondientes, se expone a ser sancionada con una multa de mil dólares.[lx]

Habiendo discutido lo anterior, tenemos que decir que recordamos un caso que ocurrió en el estado de la Florida, en los Estados Unidos de América. Allí, un cabrón que no sentía el más mínimo respeto hacia la educación: (1) fundó una institución fraudulenta; y (2) comenzó a conferir grados académicos sin haber obtenido los permisos gubernamentales correspondientes. Así las cosas, luego de un tiempo el facineroso fue arrestado, sentenciado —a cumplir dos años de prisión— y condenado a pagar una multa de cien mil dólares.[lxi]

Otro caso que nos viene a la mente fue uno que tuvo lugar en el estado de Washington, en los Estados Unidos de América. Allí, un hampón fundó una *universidad patito* llamada Universidad de Saint Regis. Y una vez fundada dicha incesante empresa criminal, el hampón: (1) comenzó a vender grados académicos a precios bien bajos; y (2) logró obtener enormes ganancias monetarias. Sin embargo, luego de un tiempo las autoridades descubrieron el fraude y arrestaron al hampón. Valga saber que por esos fraudulentos hechos educativos, el criminal fue sentenciado a tres años de cárcel.[lxii]

Por otro lado, es indispensable conocer que las acciones gubernamentales de estar exigiéndoles a las entidades educativas —particularmente a las que operan dentro de los territorios y estados de los Estados Unidos de América— a estar licenciadas por los gobiernos territoriales y/o estatales son, para que quede claro, unos asuntos que son bien vistos por los tribunales. De hecho, valga saber que varios tribunales de última instancia dentro del territorio estadounidense han validado, sin titubeos, las normativas jurídicas que así lo exigen.

Para sancionar esas normativas, los tribunales han utilizado como fundamento la protección a la ciudadanía. Es decir, los tribunales han indicado que los ciudadanos tienen el derecho de saber —a través de informaciones gubernamentales— si las instituciones de educación superior que operan dentro de los territorios y estados estadounidenses poseen, por lo menos, los requisitos mínimos y necesarios para llevar a cabo sus cometidos educativos. Y las licencias gubernamentales de operación, indudablemente, cumplen con la normativa jurídica mencionada.

Es importante tener en cuenta que son muchísimos los casos que demuestran lo antes señalado. Y uno de esos casos es el de ***Nova Univ. v. Educational Inst. Licensure D.C.***, 483 A. 2d 1172, 1184 (D.C. App. 1984). Puesto que en ese importantísimo caso la corte manifestó, en lo pertinente, que:

> *«Requiring degree-conferring institutions to meet reasonable academic standards is not only in the best interests of the public, but also in the best interest of educational institutions...».*

Bajo ese mismo contexto, es pertinente tener en cuenta que el ***Tribunal Supremo de Puerto Rico*** también ha validado las normativas jurídicas que les exigen a las instituciones de educación superior obtener licencias de operación. Véase, con más detalle, lo que ha manifestado dicho tribunal:

> «*...se trata de leyes que el Estado ha establecido en aras del fundamental interés público de asegurar que las instituciones que se dedican a la enseñanza posean los requisitos mínimos necesarios para llevar a cabo su cometido educativo. Constituyen, pues, legislación adoptada al amparo del amplio poder de razón de estado.*»[lxiii]

Pero eso no es lo único que ha validado el **Tribunal Supremo de Puerto Rico**. Dicho tribunal también ha validado las leyes que crean organismos gubernamentales especializados, como el Consejo de Educación Superior de Puerto Rico, que se dedican a autorizar y supervisar la operación de las instituciones de educación superior en Puerto Rico.

Inclusive, ese mismo tribunal de última instancia ha indicado, que, como dichos organismos gubernamentales cuentan con peritos en asuntos relacionados con la educación superior, sus decisiones relacionadas con la concesión o revocación de una licencia de operación gozan de la más alta deferencia por parte de los tribunales. Véase, con más detalle, lo escrito por el tribunal: [lxiv]

> *En el campo de la educación superior, y en particular en lo que concierne a la materia técnica y especializada de evaluar a instituciones...para decidir si se le concede o no una licencia de renovación, el Consejo tiene a su alcance los medios, la experiencia y un peritaje administrativo únicos en Puerto Rico. Por lo tanto, sus decisiones merecen el mayor grado posible de deferencia por parte de los Tribunales cuando éstos son llamados a revisarlas, no debiéndose sustituir los criterios académicos de los educadores por los criterios judiciales.*

Por otro lado, es indispensable advertir que en los Estados Unidos de América, las personas que utilicen grados académicos que hayan sido conferidos por entidades que operan sin estar autorizadas por los gobiernos estatales o territoriales para conseguir trabajo, tanto en el sector público como en el sector privado, se exponen a ser severamente sancionadas. De hecho, se sabe que dichas personas: (1) pueden ser multadas y/o encarceladas; y (2) pueden ser expulsadas de sus empleos.

Además de eso, también hay que advertir que los empleados públicos que utilicen grados académicos obtenidos en universidades patito, con el fin de que sus salarios sean aumentados, se exponen a que sus patronos: (1) les obliguen a devolver todo el dinero que hayan obtenido en aumentos salariales; y (2) que refieran sus casos a las agencias del orden público correspondientes, en aras de que se radiquen cargos por fraude.

Lo anterior nos lleva a recordar un caso que ocurrió en el estado de Washington, en los Estados Unidos de América. Allí, durante el 2008, varios oficiales de la Policía fueron criminal y administrativamente acusados por utilizar, para propósitos de aumentos salariales, grados académicos que fueron fraudulentamente conferidos por entidades que no estaban autorizadas para conferir grados académicos.[lxv]

Otro caso que nos viene a la mente fue uno que ocurrió en el estado de Nueva York, en los

Estados Unidos de América. Allí, catorce bomberos querían que sus salarios fueran aumentados, y para lograrlo, le compraron varios diplomas a la *Universidad de St. Regis*, una cabrona entidad que no estaba autorizada por ningún país del mundo para conferir grados académicos. Pues bien, valga saber que cuando se supo del fraude los bomberos fueron: (1) sancionados; y (2) obligados a pagar unos ciento cincuenta mil dólares en multas.[lxvi]

Otro caso que nos viene a la mente fue uno que también ocurrió en el estado de Washington, en los Estados Unidos de América. Allí, una antiética persona escribió en una solicitud de empleo gubernamental que había obtenido un doctorado en psicología en la *Universidad de St. Regis*, una entidad que, como manifestáramos antes, no estaba autorizada por ningún país del mundo para conferir grados académicos.

Pues bien, valga saber que la antiética persona, sorpresivamente, consiguió el empleo público sin ningún tipo de problema. Sin embargo, luego de un tiempo, varios funcionarios gubernamentales se percataron del fraude y le radicaron varias querellas criminales y administrativas al corrupto empleado.[lxvii]

Otro caso relacionado con lo anterior también proviene del estado de Washington, en Estados Unidos de America. Allí, un policía que laboraba en el Departamento de Policía del Condado de Chelan le compró, antiéticamente, un grado académico —a saber, una licenciatura en administración pública— a la «*All American University*», una entidad que no estaba autorizada por ningún país del mundo para conferir grados académicos.

Valga saber que luego de comprar el fraudulento grado académico, el agente lo utilizó para que le aumentaran su salario. Habida cuenta de que una de las cláusulas del reglamento del departamento policial establecía, en lo pertinente, que los oficiales que contaran con una licenciatura cobrarían un poco más de dinero.

Pues bien, es de saber que luego de un tiempo: (1) el fraude laboral y educativo fue descubierto; y (2) el agente policial fue objeto de un procesamiento disciplinario y, posteriormente, fue suspendido de su trabajo.[lxviii]

Otro caso que nos viene a la mente proviene del estado de Nueva York, en los Estados Unidos de América. Allí, varias personas solicitaron empleo en el Departamento de Bomberos de la Ciudad de Nueva York. Cuando presentaron sus aplicaciones, las presentaron con unos grados académicos que habían comprado en la *Universidad de Belford*, una entidad que no estaba autorizada por ningún país del mundo para conferir grados académicos. Pues bien, valga saber que todo eso ocasionó que los solicitantes fueran arrestados y criminalmente procesados.[lxix]

Otro ejemplo sobre lo que venimos discutiendo ocurrió en la *Universidad de Tulane*, una universidad privada y acreditada que está localizada en el estado de Luisiana, en los Estados Unidos de América. Allí, los directivos de la universidad despidieron a un educador luego de que descubrieran que dicho profesor, antiéticamente, le había comprado un doctorado a una entidad que no operaba legalmente en ninguna parte del planeta.[lxx]

Otro ejemplo muy parecido al anterior también proviene del estado de Luisiana, en los Estados Unidos de América. Allí, los directivos de la *Universidad de Louisiana* despidieron a un entrenador del equipo de baloncesto. ¿Saben por qué? Porque ese charlatán, entre otros asuntos, le había comprado una licenciatura y una maestría a una entidad que no estaba legalmente facultada para conferir grados académicos en ninguna parte del planeta.[lxxi]

Otro ejemplo, que también se relaciona con despidos por utilizar grados académicos fraudulentos, proviene de las oficinas de la *Organización de las Naciones Unidas*. Allí, un empleado de alta jerarquía fue expulsado de su trabajo. ¿Saben por qué? Porque ese lenguaraz obtuvo su trabajo con credenciales falsas, es decir, con grados académicos que fueron comprados en una *universidad patito*.[lxxii]

Otro ejemplo sobre lo que venimos discutiendo también proviene del estado de Nueva

Jersey, en los Estados Unidos de América. Allí, un reglamento del Departamento de Educación de Nueva Jersey establecía, en lo pertinente, que todo maestro que tuviera un doctorado legalmente conferido tenía, entre otros privilegios, derecho a recibir un aumento de sueldo automático.

Sabiendo eso, dos maestros que le habían comprado sus falsos doctorados a una entidad que no operaba legalmente en ninguna parte del mundo: (1) presentaron sus fatulas credenciales; y (2) obtuvieron el aumento de sueldo automático. Sin embargo, luego de un tiempo: (a) los fraudes fueron detectados; (b) los maestros fueron sancionados; y (c) los salarios de los antiéticos maestros fueron reducidos.[lxxiii]

Por último, otro caso sobre lo que venimos discutiendo también ocurrió en el estado de Nueva York, en EE.UU. Allí, un guardia penal —que laboraba en el Departamento de Corrección de Nueva Jersey— solicitó empleo en el Departamento de Bomberos de la Ciudad de Nueva York. Y cuando presentó su aplicación de empleo, la presentó con un fraudulento grado académico que le había comprado a la *Universidad de Belford*, una fraudulenta entidad que —como manifestáramos antes— no estaba autorizada por ningún país del mundo para conferir grados académicos.

¿Saben qué ocurrió? El guardia penal fue arrestado y criminalmente procesado: (1) por haber cometido un fraude; y (2) por haber mentido en un documento público.[lxxiv]

IV. Regulación estatal sobre la utilización de los grados académicos

Como vimos en el capítulo anterior, el Departamento de Educación de los Estados Unidos de América no le otorga permisos, licencias o autorizaciones a las instituciones de educación superior para que puedan conferir grados académicos de manera legal. Ello se debe, en estricto Derecho, a que esa función sólo le corresponde a cada uno de los territorios —y aquí hay que incluir a los gobiernos autónomos de las reservas indias— y estados de los Estados Unidos de América.[lxxv]

Eso significa, como regla general, que todo grado académico que haya sido conferido por una institución de educación superior debidamente autorizada a operar por el gobierno de un territorio o estado estadounidense es, como regla general, legítimo y válido.

Ahora bien, nótese que dijimos arriba como regla general. La razón por la cual expresamos lo anterior es, principalmente, porque en algunos territorios y estados estadounidenses es ilegal utilizar <u>ciertos grados académicos</u>. Especialmente si esos grados académicos fueron conferidos por instituciones de educación superior que, a pesar de que estaban autorizadas para conferir grados académicos en otros territorios y estados estadounidenses, no estaban acreditadas.

Tampoco se puede pasar por alto que en algunos territorios y estados estadounidenses se han aprobado leyes y reglamentos que establecen, en lo pertinente, que los grados académicos que hayan sido conferidos por instituciones de educación superior que operan legalmente en otros territorios y estados de los Estados Unidos de América pueden ser libremente utilizados, siempre y cuando se cumplan con ciertos requisitos legales.

De hecho, no se puede pasar por alto que algunos territorios y estados de los Estados Unidos de América han aprobado leyes y reglamentos que establecen, por increíble que parezca, que para poder utilizar ciertos grados académicos con gran libertad, es requisito indispensable que esos grados académicos hayan sido conferidos por instituciones de educación superior que estén acreditadas por una agencia de acreditación en específico.[lxxvi]

Es importante tener en cuenta, además, que en todos los territorios y estados de los Estados Unidos de América se han aprobado leyes y reglamentos que les otorgan a ciertos grupos profesionales y/o a ciertas agencias públicas, poderes especiales y específicos sobre el otorgamiento de permisos para el ejercicio de una profesión u oficio.

Y entre los poderes que les han sido otorgados a esos grupos profesionales y/o a esas agencias públicas se encuentra, por sorprendente que parezca, el poder de exigirles a las personas que deseen practicar ciertas profesiones, como la abogacía y la medicina, que demuestren que sus grados académicos fueron obtenidos en instituciones de educación superior: (1) que estaban operando legalmente dentro de un territorio o estado de los Estados Unidos de América; y (2) que estaban acreditadas por una o varias agencias de acreditación reconocidas por el Departamento de Educación de los Estados Unidos de América.

Como hemos visto, todo lo anterior es demostrativo de que en algunas ocasiones bien específicas, la mera legalidad de un grado académico no es suficiente para su libre uso. Y eso, sin lugar a dudas, «puede ser un factor determinante para aquellos interesados en ciertas disciplinas que requieren una licencia estatal (tales como Leyes, Docencia y Medicina).»[lxxvii]

Habiendo discutido lo anterior, veamos ahora varios ejemplos que demuestran, entre otros asuntos, que la mera legalidad de un grado académico que haya sido conferido por una institución de educación superior debidamente licenciada no es suficiente: (1) para poder practicar una profesión; (2) para poder utilizar el grado académico con gran liberalidad.

El primer ejemplo proviene de la isla de Puerto Rico. Allí, el Derecho establece —específicamente en *20 L.P.R.A. §2459*— que, para poder tomar el examen de reválida que está relacionado con la medicina naturopática, el aspirante tiene que demostrar que su grado doctoral en medicina naturopática fue obtenido en una institución de educación superior que, al momento de conferir el grado académico, estaba licenciada por el *Consejo de Educación Superior de Puerto Rico*.[lxxviii]

Sin embargo, si el grado académico fue obtenido en otro territorio o estado de los Estados Unidos de América, el aspirante tiene que demostrar que su grado académico fue conferido por una institución de educación superior que, al momento de conferir el grado, estaba acreditada por el *Council of Naturopathic Medical Education*, una agencia de acreditación que está reconocida por el Departamento de Educación de los Estados Unidos de América.

El segundo ejemplo también proviene de la contaminada isla de Puerto Rico. Allí, el Derecho establece —específicamente en **20 L.P.R.A. §2952**— que, para poder tomar el examen de reválida que está relacionado con la medicina veterinaria, el aspirante tiene que demostrar que su grado doctoral en medicina veterinaria fue obtenido en una institución de educación superior que, al momento de conferir el grado académico, estaba licenciada por el *Consejo de Educación Superior de Puerto Rico*.

Sin embargo, si el grado académico fue obtenido en otro territorio o estado de los Estados Unidos de América, el aspirante tiene que demostrar que su grado académico fue conferido por una institución de educación superior que, al momento de conferir el grado, estaba acreditada por la *Asociación Médico Veterinaria Americana* (AVMA), una agencia de acreditación reconocida por el Departamento de Educación de los Estados Unidos de América.

El tercer ejemplo también proviene de la violenta isla de Puerto Rico. Allí, el Derecho establece —específicamente en *20 L.P.R.A. §1035*— que, para poder tomar el examen de reválida que está relacionado con la profesión de terapista ocupacional, el aspirante tiene que demostrar que su grado en terapia ocupacional fue obtenido en una institución de educación superior que, al momento de conferir el grado académico, estaba licenciada por el *Consejo de Educación Superior de Puerto Rico.*

Sin embargo, si el grado académico fue obtenido en otro territorio o estado de los Estados Unidos de América, el aspirante tiene que demostrar que su grado académico fue conferido por una institución de educación superior que, al momento de conferir el grado, estaba acreditada por una agencia de acreditación reconocida por el Departamento de Educación de los Estados Unidos de América.

El cuarto ejemplo también proviene de la politizada isla de Puerto Rico. Allí, el Derecho establece —específicamente en *20 L.P.R.A. §1035*— que, para poder tomar el examen de reválida que está relacionado con la profesión de asistente en terapia ocupacional, el aspirante tiene que demostrar que su grado de asistente en terapia ocupacional fue obtenido en una institución de educación superior que, al momento de conferir el grado académico, estaba licenciada por el *Consejo de Educación Superior de Puerto Rico.*

Sin embargo, si el grado académico fue obtenido en otro territorio o estado de los Estados Unidos de América, el aspirante tiene que demostrar que su grado académico fue conferido por una institución de educación superior que, al momento de conferir el grado, estaba acreditada por una agencia de acreditación reconocida por el Departamento de Educación de los Estados Unidos de América.

El quinto ejemplo también proviene de la narco isla de Puerto Rico. Allí, el Derecho también establece —específicamente en la **Ley de Puerto Rico Núm. 204 de 8 de agosto de 2008**— que, si una persona quiere desempeñarse como relacionista público, tiene que demostrarle a la *Junta Reglamentadora de Relacionistas de Puerto Rico* que posee una maestría o un bachillerato debidamente conferido por una institución de educación superior que, al momento de conferir el grado académico, estaba licenciada por el Consejo de Educación Superior de Puerto Rico.

Sin embargo, si el grado académico fue obtenido en otro territorio o estado de los Estados Unidos de América, el aspirante tiene que demostrar que su grado académico fue conferido por una institución de educación superior que, al momento de conferir el grado, estaba acreditada por la *Middle State Association of Colleges and Universities*, una agencia de acreditación reconocida por el Departamento de Educación de los Estados Unidos de América.

El sexto ejemplo también proviene de la alcohólica isla de Puerto Rico. Allí, el Derecho también dispone —específicamente en la **Ley de Puerto Rico Núm. 61 de 11 de abril de 2000**— que, para poder tomar el examen de reválida que está relacionado con la profesión de médico podiatra, el candidato tiene que demostrar: (1) que tiene un doctorado en podiatría; y (2) que su grado doctoral en podiatría fue conferido por una escuela de medicina aprobada y reconocida por el Consejo de Educación en Medicina Podiátrica de los Estados Unidos, la Asociación Americana Nacional de Medicina Podiátrica, el Departamento de Salud de los Estados Unidos y la *Junta Examinadora de Médicos Podiatras de Puerto Rico*.

El séptimo ejemplo también proviene de Puerto Rico. Allí, el Derecho establece —específicamente en **20 L.P.R.A. §2186**— que, para poder tomar el examen de reválida que está relacionado con la profesión de nutricionista, el aspirante tiene que demostrar que su grado académico en nutrición o dietética fue obtenido en una institución de educación superior que, al momento de conferir el grado académico, estaba licenciada por el *Consejo de Educación Superior de Puerto Rico*.

Sin embargo, si el grado académico fue obtenido en otro territorio o estado de los Estados Unidos de América, el aspirante tiene que demostrar que su grado académico fue conferido por una institución de educación superior que, al momento de conferir el grado, estaba acreditada por una agencia de acreditación reconocida por el Departamento de Educación de los Estados Unidos de América.

El octavo ejemplo también proviene de Puerto Rico. Allí, el Derecho establece —concretamente en *20 L.P.R.A. §3114*— que, para tomar el examen de reválida que está relacionado con la profesión de patólogo del habla, el candidato tiene que demostrar que su grado académico en patología del habla fue obtenido en una institución de educación superior que, al momento de conferir el grado académico, estaba licenciada por el *Consejo de Educación Superior de Puerto Rico*.

Sin embargo, si el grado académico fue obtenido en otro territorio o estado de los Estados Unidos de América, el aspirante tiene que demostrar que su grado académico fue conferido por una institución de educación superior que, al momento de conferir el grado, estaba acreditada por una agencia de acreditación reconocida por el Departamento de Educación de los Estados Unidos de América.

El noveno ejemplo también proviene de Puerto Rico. Allí, el Derecho establece —concretamente en **20 L.P.R.A. §3114**— que toda persona que desee tomar el examen de reválida que está relacionado con la profesión de audiólogo, tiene que demostrar que su grado académico en audiología fue conferido por una institución de educación superior que, al momento de conferir el grado académico, estaba licenciada por el Consejo de Educación Superior de Puerto Rico.

Sin embargo, si el grado académico fue obtenido en otro territorio o estado de los Estados Unidos de América, el aspirante tiene que demostrar que su grado académico fue conferido por una institución de educación superior que, al momento de conferir el grado, estaba acreditada por una agencia de acreditación reconocida por el Departamento de Educación de los Estados Unidos de América.

Como se ha podido ver, hemos plasmado muchísimos ejemplos que provienen de la violenta isla de Puerto Rico. Veamos ahora varios ejemplos, sobre lo que venimos discutiendo en esta sección, que provienen de otros territorios y estados de los Estados Unidos de América. El primero de ellos proviene del estado de Oregón, en los EE.UU.

Allí, el Derecho establece que una persona que se encuentre dentro del estado puede colocar, dentro de documentos promocionales, informaciones que versen sobre un grado académico que le haya sido legalmente conferido por una institución de educación superior que, al momento de conferir el grado académico, no estaba acreditada por una agencia de acreditación reconocida por el Departamento de Educación de los Estados Unidos de América.

Ahora bien, el Derecho también indica que para poder hacer lo anterior, la persona tiene que colocar en sus documentos promocionales (como por ejemplo, en tarjetas de presentación y en comunicados de prensa) que la institución de educación superior que le confirió el grado académico no está acreditada.[lxxix]

El segundo ejemplo también proviene del estado de Oregón, en los Estados Unidos de América. Allí, el Derecho establece que ninguna persona puede utilizar un grado académico legalmente conferido por una institución de educación superior que opere legalmente en otro territorio o estado de los Estados Unidos de América para solicitar empleo público, si dicha institución no está acreditada por una agencia de acreditación reconocida por el Departamento de Educación de los Estados Unidos de América.[lxxx]

El tercer ejemplo proviene del estado de Vermont, en los Estados Unidos de América. Allí, el Derecho establece —específicamente en *Title 26: Professions and Occupations § 4121*— que, toda persona que desee tomar el examen de reválida que está relacionado con la medicina naturopática, tiene que demostrar que su doctorado en medicina naturopática fue conferido por una universidad que, al momento de conferir el grado académico, estaba acreditada por una agencia de acreditación reconocida por el Gobierno de los Estados Unidos de América.

Además de eso, valga saber que la normativa jurídica mencionada también establece, en lo pertinente, que únicamente las personas que hayan obtenido un grado doctoral en medicina naturopática en una universidad acreditada pueden: (1) utilizar las siglas N. D.; (2) llamarse doctores en medicina naturopática; y (3) llamarse naturópatas.[lxxxi]

El cuarto ejemplo proviene del estado de Utah, en los Estados Unidos de América. Allí, el Derecho establece —específicamente en *Title 58 Occupations and Professions; Chapter 71 Naturopathic Physician Practice Act; Section 302 Qualifications for licensure*— que una persona que desee practicar la medicina naturopática, tiene que haber obtenido el grado de doctor en medicina naturopática en una universidad que esté acreditada por el Council of Naturopathic Medical Education, una agencia de acreditación que está reconocida por el Departamento de Educación de los Estados Unidos de América.[lxxxii]

Como hemos visto, son muchísimos los territorios y estados de los Estados Unidos de América que han aprobado leyes y reglamentos: (1) para regular la utilización de grados académicos que fueron legalmente conferidos; y (2) para aceptar o rechazar grados académicos legalmente conferidos que, por lo regular, se utilizan para acceder a la práctica de alguna profesión de gran interés público.

Ahora bien, la pregunta que hay que contestar en este tramo de la discusión es la siguiente: ¿es legal que un territorio o estado de los Estados Unidos de América no le permita a una persona a la que se le haya conferido un grado académico en una universidad licenciada y no acreditada, poder ejercer una profesión u oficio? La respuesta, al parecer, es que sí. Veamos el fundamento jurídico.

Dentro de los Estados Unidos de América, como ya hemos visto, los gobiernos estatales y los gobiernos territoriales son los que están encargados: (1) de permitirles a las instituciones de educación superior operar y conferir grados académicos; (2) de aprobar las leyes y los reglamentos que están relacionados con el ejercicio de una profesión de gran interés público.

Además, no se puede olvidar que el derecho estadounidense establece, en lo pertinente, que ninguna persona tiene un derecho absoluto al ejercicio de una profesión u oficio. Puesto que todos los gobiernos estatales y territoriales, dentro de sus enormes poderes de reglamentación, pueden establecer requisitos razonables para el ejercicio de una profesión u oficio. Y «en virtud de dicha facultad, pueden condicionar el derecho a practicar una profesión al requisito previo de obtener una licencia, permiso o certificado de alguna entidad u oficial examinador.»[lxxxiii]

Es palpable, pues, que de todo lo antes mencionado es que nace el poder que tienen los gobiernos estatales y territoriales para condicionar el derecho a practicar una profesión al requisito previo: (1) de obtener un grado académico de una institución legalmente establecida; (2) de obtener un grado académico de una institución que esté acreditada por una agencia de acreditación reconocida por el Departamento de Educación de los Estados Unidos de América.

Ahora bien, si profundizamos un poco más en lo antes discutido, veremos que los enormes poderes que tienen los gobiernos estatales y territoriales para condicionar el derecho a practicar una profesión emanan de las responsabilidades que tienen dichos gobiernos: (1) de proteger la salud y el bienestar público; y (2) de evitar el fraude y la incompetencia dentro de las profesiones de gran interés público.[lxxxiv]

Es de notar que los fundamentos que hemos mencionado en los últimos párrafos han sido legales. Si nos movemos a la dimensión real de esta cuestión, veremos que muchos gobiernos estatales y territoriales están pidiendo —a través de leyes y reglamentos— que los candidatos a tomar exámenes de reválida para ejercer profesiones tengan grados académicos que hayan sido conferidos por universidades acreditadas, por motivo de que en algunos territorios y estados de los Estados Unidos de América, por increíble que parezca, es muy fácil fundar y operar instituciones de educación superior.

De hecho, hay territorios y estados estadounidenses en donde basta obtener, sin más, un certificado de incorporación en el departamento de Estado: (1) para fundar y operar una institución de educación superior; y (2) para conferir grados académicos, incluyendo doctorados y maestrías.[lxxxv]

Ahora bien, es importante tener claro que ningún gobierno estatal o territorial de los Estados Unidos de América puede violentar el ordenamiento jurídico federal o estatal en torno a la utilización de la mayoría de los grados académicos.

Así, por ejemplo, es contrario al Derecho que un gobierno estatal o territorial establezca en sus normativas jurídicas que es ilegal, para cualquier propósito que no esté relacionado con el ejercicio de una profesión u oficio, la utilización de un grado académico legalmente conferido por una institución de educación superior que, a pesar de operar legalmente, no esté acreditada por una agencia de acreditación reconocida por el Departamento de Educación de los Estados Unidos de América.

Un buen ejemplo para explicar lo antes indicado proviene del estado de Texas, en los Estados Unidos de América. Allí, el gobierno estatal aprobó una ley que establece, improcedentemente, que es ilegal utilizar un grado académico que no haya sido conferido por una institución de educación superior acreditada: (1)

para obtener un empleo privado o público; (2) para asuntos promocionales. Además, dicha ley establece que violentar lo antes indicado es un delito.

Pues bien, luego de un tiempo de haberse aprobado dicha draconiana ley, una persona que tenía un grado académico legalmente conferido por una institución de educación superior que estaba autorizada a operar en el estado de California, presentó una demanda en la Corte de Distrito de los Estados Unidos de América.

Y en las alegaciones de la demanda, el demandante indicó que la normativa antes indicada violentaba sus derechos constitucionales y estatutarios. Así las cosas, y luego de realizar un exhaustivo análisis constitucional, el tribunal determinó que el grado académico del demandante era legal, válido y utilizable en el estado de Texas.[lxxxvi]

V. Instituciones postsecundarias de educación religiosa

Por otro lado, otro asunto que debe discutirse con gran profundidad, es el de los grados religiosos que son conferidos por instituciones de educación superior que no están acreditadas por parte de entidades reconocidas por el Departamento de Educación de los Estados Unidos de América.

Al respecto, debemos comenzar la discusión manifestando que un grado religioso es, en apretada síntesis, un grado conferido dentro del contexto de una religión o grupo religioso con el propósito específico de preparar personas para trabajar en el servicio religioso y/o en la educación religiosa.

Bajo ese mismo contexto, no está de más recordar que los grados religiosos: (1) no se deben utilizar para obtener empleo en el Gobierno o en la empresa privada; (2) casi siempre son conferidos por instituciones de educación que están afiliadas o que pertenecen a algún grupo religioso.[lxxxvii]

Habiendo explicado lo anterior, entendemos que es prudente mencionar que las instituciones de educación religiosa que operan dentro de los Estados Unidos de América: (1) no tienen que estar acreditadas por las agencias de acreditación que están reconocidas por el Departamento de Educación de los Estados Unidos de América; (2) no deben ser auditadas rigurosamente por parte de los organismos estatales que regulan la educación superior.

Y sobre el punto número uno antes mencionado, no está de más mencionar que el *Dr. Paul Richardson* —presidente del World Wide Accreditation Commission of Christian Educational Institutions— nos explica que las instituciones postsecundarias de educación religiosa no pueden, bajo ningún concepto, ser obligadas a estar acreditadas por agencias de acreditación que estén reconocidas por el Departamento de Educación de los Estados Unidos de América.

¿Saben por qué? Porque eso violaría el principio de separación entre iglesia y Estado.[lxxxviii]

Tampoco está de más recodar que el *Seminario Teológico del Noroeste* —una institución de educación religiosa que opera legalmente en el estado de Florida, en los Estados Unidos de América— ha manifestado, en lo pertinente, que la acreditación de las instituciones que ofrecen educación religiosa es un proceso voluntario. Es decir, sólo los directivos de esas instituciones deciden si las instituciones que comandan se someterán a los procesos de acreditación.[lxxxix]

Dicho eso, nos imaginamos que algunas personas se estarán preguntando cómo los Gobiernos supervisan las operaciones de las instituciones religiosas. Pues bien, para contestar esa pregunta tenemos que decir que la inmensa mayoría de los gobiernos estatales y territoriales hacen lo siguiente: una vez la institución le prueba al Gobierno que su operación es puramente religiosa, el Gobierno le otorga a la institución una licencia especial en donde se específica, en otras cuestiones, que únicamente pueden conferir grados religiosos.[xc]

Ahora bien, es importante tener presente que bajo ese licenciamiento especial, las instituciones de educación religiosa sólo pueden otorgar grados religiosos, o sea, grados como los siguientes: (1) doctor en cristianismo; (2) doctor en divinidad; (3) doctor en ministerio; (4) doctor en islamismo; (5) maestro en estudios religiosos; (6) doctor en estudios religiosos; (7) doctor en ateísmo; (8) maestro en metafísica; y (9) doctor en derecho canónico.

Teniendo en mente lo anterior, es importante tener claro que si las instituciones de educación religiosa desean conferir grados académicos seculares, como los grados de doctor en física, doctor en ciencias penales, doctor en psicología, doctor en medicina, doctor en jurisprudencia o maestro en ciencias políticas, entonces tienen que someter dichos programas seculares a las rigurosas evaluaciones de las agencias estatales que controlan la educación superior.[xci]

Es importante aclarar que cuando manifestamos que la institución de educación religiosa tiene que estar afiliada, reconocida o auspiciada por una iglesia para poder conferir grados religiosos de manera legal, nos estamos refiriendo a que dichas afiliaciones, reconocimientos y auspicios pueden ser obtenidos de cualquier iglesia.

Así, por ejemplo, los operadores de dichas instituciones pueden obtener dichos reconocimientos y auspicios por parte de la Iglesia de Satán, de la Iglesia de la Marihuana, de la Iglesia del Jedi, de la Iglesia católica, de la Iglesia Vaginal, entre otros grupos religiosos.

La razón de ello es sencilla. En Estados Unidos de América no existe una religión oficial, ya que eso está prohibido por ley y por la

Constitución. Además, en dicho país existe completa libertad de religión, lo que le permite a cualquier persona fundar y operar una iglesia.[xcii]

Debe señalarse que lo anterior es cónsono con lo establecido en la **Primera Enmienda a la Constitución de los Estados Unidos de América**. Según dicha importante enmienda, el Congreso de los Estados Unidos de América no puede aprobar «ninguna ley con respecto al establecimiento de religión alguna, o que prohíba el libre ejercicio de la misma...».[xciii] Y de ahí, repetimos, es que proviene la protección primaria que tienen las instituciones de educación religiosa para conferir grados religiosos de manera legal.

En fin, debe quedar más que claro que el asunto de otorgar grados religiosos —como doctorados, maestrías y licenciaturas en divinidad, ministerio, ateísmo, estudios religiosos, estudios cristianos, entre otras disciplinas religiosas— por parte de una institución de educación religiosa debidamente licenciada es un asunto que está, como nos dice el *Colegio Internacional de Teología Metafísica*, «protected under the first amendment of the United States Constitution. This amendment guarantees the right to practice and teach others.»[xciv]

Profundizando un poco más sobre lo anterior, valga saber que en los Estados Unidos de América también existe la doctrina jurídica de separación entre iglesia y Estado. Y dicha doctrina establece, en apretada síntesis, que «...el gobierno no debe inmiscuirse en los asuntos religiosos y las religiones no deben interferir en los asuntos del gobierno.»[xcv]

Hay que tener en cuenta que esa importantísima doctrina jurídica: (1) también se encuentra dentro de la Primera Enmienda a la Constitución de los Estados Unidos de América; y (2) les permite a los grupos religiosos fundar y operar instituciones postsecundarias de educación religiosa.

En fin, debe quedar más que claro que en Estados Unidos de América es inconstitucional e impropio que los gobiernos utilicen las regulaciones que utilizan para regular y supervisar la operación de las instituciones de educación laicas, para regular y supervisar la operación de las instituciones que ofrecen educación religiosa.

Por eso es que creemos que las regulaciones que se deben utilizar para regular y supervisar la operación de las instituciones postsecundarias de educación religiosa deben ser, por motivo del Derecho Constitucional, bastante laxas.

Y sobre este particular, entendemos que son pertinentes las expresiones que hace el *Covenant Bible College & Theological Seminary*, una institución de educación religiosa que está situada en el estado de Indiana, en los Estados Unidos de América. Al respecto, véase lo que nos dice esta institución religiosa:

> *There is no such requirement as Federal or State accreditation of a religious institution, because the civil government has no authority to regulate religious teachings or which certificates or religious degrees upon completion of such education may be issued. This is a matter of separation of Church and State.*

Llegados a este punto de la discusión, es forzoso discutir un caso que ocurrió en el estado de Texas, en los Estados Unidos de América. Allí, una institución postsecundaria de educación religiosa que no estaba acreditada por una agencia de acreditación reconocida por el Departamento de Educación de los Estados Unidos de América, recibió varias notificaciones por parte del organismo estatal que está encargado de regular la educación superior, a saber, del «*Texas Higher Education Coordinating Board.*»

En dichas notificaciones se le comunicó a la institución religiosa que, por los cojones de los jefes de la agencia mencionada, no podía continuar confiriendo grados religiosos hasta que se sometiera a los rigurosos procesos de licenciamiento que se utilizan para licenciar a las universidades laicas.

Enterados de ello, los directores de la institución de educación religiosa se negaron a obedecer las instrucciones de la agencia gubernamental antes indicada. Y eso ocasionó, que se le impusiera una multa de unos ciento ochenta mil dólares a la institución religiosa.

Luego de un tiempo, la controversia entre el *Gobierno de Texas* y la institución religiosa llegó hasta las puertas del **Tribunal Supremo de Texas**. Y luego de analizar las evidencias sometidas y el Derecho Constitucional, el tribunal determinó que las acciones gubernamentales de estar obligando a las universidades religiosas a someterse a los procesos normales de licenciamiento son: (1) acciones ilegales; (2) acciones que violentan la libertad de culto; y (3) acciones que manifiestan una indebida intromisión del *Gobierno* en el ejercicio religioso.

Además de eso, el tribunal determinó que las instituciones postsecundarias de educación religiosa que no estén acreditadas por agencias de acreditación reconocidas por el Departamento de Educación de los Estados Unidos de América, pueden conferir cualquier grado religioso aunque exista una ley estatal o federal que les obligue a estar acreditadas.[xcvi]

Teniendo en cuenta todo lo antes indicado, pasemos a ver algunos de los ordenamientos jurídicos estatales que regulan el asunto de las instituciones postsecundarias de educación religiosa que no están acreditadas por agencias de acreditación reconocidas por el Departamento de Educación de los Estados Unidos de América.

En el estado de la Florida, en los Estados Unidos de América, el Derecho establece — particularmente en el *Florida Statute §246.084 y Florida Statue 1005.06*— que las instituciones postsecundarias de educación religiosa pueden conferir grados religiosos sin la necesidad de estar acreditadas y sin la necesidad de obtener una licencia general por parte de la oficina gubernamental que supervisa y controla la educación superior.

Ahondando un poco más sobre el Derecho del estado de la Florida, valga saber que lo único que tienen que hacer los directivos de las instituciones postsecundarias de educación religiosa para operar legalmente sus instituciones es lo siguiente: (1) registrarse con la agencia gubernamental —con el *Commission for Independent Education*— que regula la educación superior; y (2) demostrarle a dicha agencia que sólo se conferirán grados religiosos. Una vez realizado eso, la agencia gubernamental les otorga a las instituciones postsecundarias de educación religiosa unas licencias especiales para conferir grados religiosos.[xcvii]

Pasemos a ver lo que ocurre en el estado de Virginia, en Estados Unidos de América. Allí, si una institución postsecundaria de educación religiosa desea conferir grados religiosos: (1) tiene que registrarse con el *Departamento de Educación Superior de Virginia*; y (2) tiene que demostrarle al *Gobierno* que es una institución religiosa y que sólo va a conferir grados religiosos. Una vez hecho eso, la institución estará legalmente autorizada a conferir grados religiosos.[xcviii]

Ahora pasemos a ver lo que ocurre en el ordenamiento jurídico del estado de Maryland, en los Estados Unidos de América. Allí, también es legal que una institución postsecundaria de educación religiosa confiera grados religiosos. Y para lograr eso, la institución tienen que demostrarle a la *Comisión de Educación Superior de Maryland*: (1) que sólo conferirá grados religiosos; y (2) que está afiliada a una iglesia o a un grupo religioso. Una vez hecho eso, la comisión evalúa la petición y si la misma es positiva le otorga a la institución una licencia especial para operar bajo la categoría de «*Religious Degree-Granting Institution.*»[xcix]

Por su parte, en el estado de Arizona también ocurre una situación legal como la que hemos mencionado. Allí, el Derecho establece — específicamente en el **Arizona State Board of Private and Post Secondary Education, A.R.S.32-3022e**— que las instituciones religiosas pueden, entre otras facultades, conferir grados religiosos: (a) sin la necesidad de estar acreditadas; y (b) sin la necesidad de obtener una licencia de operación parecida a las que se les otorgan a las universidades laicas.

Ahora bien, para que las instituciones postsecundarias de educación religiosa puedan realizar lo antes mencionado, tienen que realizar las siguientes acciones: (1) registrarse con la agencia gubernamental que regula la educación superior, a saber, con el *Arizona State Board of Private and Post Secondary Education*; y (2) demostrarle a la agencia mencionada que sólo conferirán grados religiosos. Una vez realizadas dichas acciones, la agencia gubernamental le otorga a las instituciones religiosas unas licencias especiales para conferir grados religiosos.[c]

Por su parte, en el *Estado Libre Asociado de Puerto Rico*, una institución postsecundaria de educación religiosa puede conferir grados religiosos con gran libertad. Decimos eso porque lo único que tiene que hacer la gerencia de una institución postsecundaria de educación religiosa es: (1) incorporarse en el Departamento de Estado de Puerto Rico; y (2) notificarle al Consejo de Educación Superior de Puerto Rico que la institución es de índole religiosa.

Pero el Derecho puertorriqueño va más lejos, y establece que el Consejo de Educación Superior —la agencia gubernamental que está encargada de regular y supervisar las operaciones de las instituciones de educación superior— no tiene la facultad legal para fiscalizar o supervisar la operación de una institución postsecundaria de educación religiosa. De hecho, la propia ley del *Consejo de Educación Superior de Puerto Rico* establece lo siguiente:

> *«La Ley no aplicará a los cursos y programas conducentes a grados religiosos, cuyo único propósito sea capacitar a los estudiantes para obtener puestos o desempeñarse en ocupaciones de la religión o secta hacia la cual estén orientados.»*[d]

Por su parte, el Derecho del estado de Washington, en los Estados Unidos de América, establece que las instituciones postsecundarias de educación religiosa pueden conferir grados religiosos sin la necesidad de estar acreditadas y sin la necesidad de obtener una licencia educativa normal.

De hecho, el Derecho de ese estado estadounidense establece con gran claridad que lo único que tienen que hacer las instituciones postsecundarias de educación religiosa para operar y conferir títulos religiosos es lo siguiente: (1) registrarse con la agencia gubernamental que regula la educación superior, a saber, con el *Washington Higher Education Coordinating Board*; y (2) demostrarle a dicha agencia gubernamental que sólo conferirán grados religiosos.

Una vez realizadas las acciones señaladas, la agencia mencionada le otorga a la institución postsecundaria de educación religiosa una licencia especial para conferir grados religiosos, bajo la categoría de *«Religious Exempt Colleges and Seminaries.»*[cii]

VI. Instituciones de educación superior que operan dentro de reservas indias

Como sabemos, una tribu «es un grupo de indios de igual o similar raza unificado en comunidad bajo un liderazgo o gobierno único y asentado en un territorio determinado.»[ciii] Por su parte, en los Estados Unidos de América las reservas indias son aquellos territorios que están destinados «al asentamiento de determinadas tribus indias. El término tiene su origen en los acuerdos del siglo XIX, por los que las tribus cedieron todas sus tierras al gobierno de Estados Unidos, salvo aquellas parcelas reservadas...para su propio uso.»[civ]

Como vimos, en los Estados Unidos de América existen varias reservas indias. Lo que debemos mencionar ahora es que dichas reservas, que son controladas por tribus pacíficas, son como ciudades autónomas. Es decir, los jefes de las tribus tienen plena autonomía para gobernar sus territorios.

Comentando sobre este particular, nos dice el *Lcdo. Roberto G. Eustaquio* —licenciado en Derecho— que las leyes federales de los Estados Unidos de América les reconocen «autoridad soberana a las tribus indias para gobernarse por sí mismas. Esta autoridad generalmente es igual a la de los estados y en determinados aspectos es aun mayor.»[cv]

Valga saber que como parte de esa autonomía, las reservas indias tienen el poder para establecer escuelas, colegios y universidades; y todo ello, sin pedirles permisos a las autoridades educativas de los estados estadounidenses.

Por consiguiente, hay que tener claro que el Departamento de Educación de los Estados

Unidos de América y las autoridades educativas de los estados estadounidenses no tienen, bajo ningún concepto, jurisdicción sobre las escuelas, colegios y universidades establecidas dentro de las reservas indias. La única oficina gubernamental que tiene poder para supervisar lo que ocurre en las reservas indias es la *Oficina de Asuntos de Nativos Americanos.*[cvi]

No obstante lo antes mencionado, es de saber que hay una forma para que el Departamento de Educación de los Estados Unidos de América pueda tener cierta jurisdicción sobre las universidades, colegios y escuelas que están dentro de las reservas indias. ¿Se imaginan cuál es esa excepción?

Cuando las universidades, escuelas y colegios determinen, de manera voluntaria, que se someterán a los rigurosos procesos de acreditación por parte de las agencias que estén reconocidas por el Departamento de Educación de los Estados Unidos de América.

Por consiguiente, debe tenerse más que claro que las instituciones de educación superior que se encuentran dentro de las reversas indias de los Estados Unidos de América: (1) no tienen que estar licenciadas por los departamentos de educación de los estados; (2) no tienen que estar acreditadas por las agencias de acreditación que están reconocidas por el Departamento de Educación de los Estados Unidos de América.

Lo único que necesitan las instituciones de educación superior que se encuentran dentro de las reservas indias para poder conferir grados académicos de manera legal es, y téngase muy presente, obtener los permisos correspondientes de los gobiernos autónomos que operan dentro de las reservas indias.

Es importante tener claro que los grados académicos conferidos por las instituciones de educación superior que operan dentro de las reservas indias de los Estados Unidos de América son, para que quede claro, legítimos y válidos en todo el territorio estadounidense. Y ello es así aunque dichas instituciones de educación superior no estén acreditadas. Recordemos, nuevamente, que en los Estados Unidos de América «las tribus indias están protegidas por la doctrina de la inmunidad soberana, que es el máximo privilegio atribuible a un grupo humano por la ley.»[cvii]

VII. Agencias de acreditación y su impacto legal en la educación superior

Como vimos anteriormente, los gobiernos estatales y territoriales son los que controlan todo lo que esté relacionado con la educación superior dentro de los Estados Unidos de América. Y ese control es tan magnánimo, que son dichos gobiernos los que les otorgar a las instituciones de educación superior las licencias para operar y conferir grados académicos.

Ahora bien, es importante tener claro que la licencia para operar sólo establece los requisitos mínimos que debe cumplir una entidad para poder operar legalmente como una institución de educación superior. También hay que tener claro que dichos requisitos mínimos, por sorprendente que parezca, varían enormemente en cada uno de los estados estadounidenses.

De ahí es que proviene una de las razones por las cuales muchos gobiernos estatales no aceptan, para propósitos de empleos públicos, los grados académicos que hayan sido conferidos legalmente por instituciones de educación superior que no estén acreditadas por agencias de acreditación reconocidas por el Departamento de Educación de los Estados Unidos de América.

Recordemos, nuevamente, que los territorios y los estados estadounidenses que hacen lo anterior lo hacen, entre otras razones, por razón de que no tienen forma de saber si los títulos obtenidos en las universidades no acreditadas —pero que operan legalmente— han preparado adecuadamente a los estudiantes.

Con eso en mente, valga saber que la razón arriba plasmada es, principalmente, la razón por la cual el Departamento de Educación de los Estados Unidos de América no le otorga fondos públicos a las instituciones de educación superior que, a pesar de estar operando legalmente dentro de algún estado estadounidense, no están acreditadas.

Y esa acción de no otorgarles fondos federales a las instituciones no acreditadas ocasiona un gran problema, a saber, que los estudiantes que cursan estudios en esas instituciones no puedan obtener los beneficios de las becas federales, de los préstamos estudiantiles subsidiados por el *Gobierno de los Estados Unidos de América*, entre otros beneficios federales.[cviii]

Habiendo dicho eso, salta a la vista una pregunta, a saber, ¿cómo las personas pueden saber, de manera confiable, si una institución de educación superior es adecuada? Leyendo y analizando las evaluaciones y las aprobaciones que realizan las agencias de acreditación que están reconocidas por el Departamento de Educación de los Estados Unidos de América.

¿Saben por qué? Porque esas evaluaciones y aprobaciones se utilizan, entre otros asuntos: (1) para saber si una institución de educación superior tiene buenos niveles de ejecutoria, calidad e integridad; y (2) por parte del Departamento de Educación de los Estados Unidos de América. Y sobre este último punto, valga saber que el departamento mencionado utiliza dichas evaluaciones para saber, primordialmente, si es meritorio otorgarles fondos públicos —especialmente fondos relacionados con becas y préstamos estudiantiles— a las instituciones postsecundarias.[cix]

Bajo ese contexto, no está de más recordar que se confía muchísimo en las evaluaciones que hacen las agencias de acreditación que están reconocidas por el Departamento de Educación de los Estados Unidos de América, por motivo de que esas agencias les hacen unas evaluaciones rigurosísimas a las instituciones de educación superior.

Y entre los asuntos que evalúan, se encuentran los siguientes: (1) las credenciales de los administradores; (2) las instalaciones físicas; (3) la calidad de los programas de enseñanza; (4) las experiencias y credenciales de los profesores; (5) los recursos bibliotecarios; (6) las finanzas; (7) los servicios a los estudiantes; (8) las garantías a la seguridad personal de los estudiantes y de la comunidad académica; y (9) la responsabilidad pública de las instituciones.[cx]

Con ese trasfondo en mente, veamos ahora algunos aspectos legales relacionados con las agencias de acreditación que están reconocidas por el Departamento de Educación de los Estados Unidos de América.

Lo primero que se tiene que saber es que las agencias de acreditación, y téngase muy presente, no son agencias gubernamentales, sino entidades privadas que agrupan dentro de ellas a muchos profesionales de gran prestigio y respetabilidad. Aunque no se puede pasar por alto que dentro de ellas, como en cualquier tipo de empresa privada, también hay unos cuantos rufianes que no deberían trabajar para dichas agencias.

Lo segundo que se debe mencionar, es que las agencias de acreditación que están reconocidas por el Departamento de Educación de los Estados Unidos de América, antes de haber sido certificadas y reconocidas, se sometieron a unos rigurosísimos análisis por parte del departamento antes indicado. Y una vez lograron pasar esos análisis, que en el caso de algunas tomaron varios años, fueron catalogadas y reconocidas por las comunidades académicas y legales como agencias de acreditación reconocidas por el Gobierno de los Estados Unidos de América.[cxi]

A este respecto, nos parece oportuno señalar que la razón por la cual el Departamento de Educación de los Estados Unidos de América reconoce a entidades privadas como agencias de acreditación es, principalmente, porque el Derecho federal establece:

(1) que el departamento antes indicado no puede acreditar, de manera directa, a las instituciones de educación superior que operan legalmente dentro de los territorios y estados estadounidenses;

(2) que el Secretario de Educación de los Estados Unidos de América tiene que delegarle a las entidades privadas de acreditación, la evaluación de las instituciones de educación superior que operan legalmente dentro de los territorios y estados estadounidenses;

Molinos de Diplomas

(3) que el Secretario de Educación de los Estados Unidos de América tiene que publicar, a través de varios medios informativos, qué entidades han sido reconocidas como agencias de acreditación.[cxii]

De otra parte, pero relacionado con lo que venimos discutiendo, entendemos prudente mencionar que si una institución de educación superior desea ser acreditada por una agencia de acreditación reconocida, tiene que demostrar: (1) que opera legalmente dentro de un territorio —y aquí hay que incluir a los gobiernos autónomos de las reservas indias— o estado de los Estados Unidos de América; (2) que cumple con todos los requisitos establecidos por la agencia de acreditación; y (3) que ha solicitado, de manera voluntaria, el ser evaluada por la agencia de acreditación.

Importa señalar que la razón por la cual la institución de educación tiene que demostrar que ha solicitado voluntariamente ser acredita es, principalmente, porque el derecho estadounidense establece que la acreditación es una cuestión voluntaria.

Es decir, ninguna institución de educación superior que opere legalmente dentro de un territorio o estado estadounidense, como regla general, viene obligada a estar acreditada por una agencia de acreditación que esté reconocida por el Gobierno de los Estados Unidos de América.

Por cierto, nuestra observación coincide con la que ha manifestado la *Adizes Graduate School*, una institución de educación superior que opera legalmente en el estado de California, un estado federado de los Estados Unidos de América. Vean, en lo pertinente, lo manifestado por esa institución de educación superior:

> *«While State approval is mandatory, accreditation in the United States is a voluntary process...The United States government requires that all schools are approved by the governing body of the State in which they are located. This is the only mandatory level of recognition in the United States.»*[cxiii]

Análoga línea de argumentación es sostenida por la **Asociación Occidental de Escuelas y Universidades**, una agencia de acreditación reconocida por el Departamento de Educación de los Estados Unidos de América. Según esa agencia de acreditación, «ninguna institución de educación superior en los Estados Unidos de América está obligada a estar acreditada.»[cxiv]

Súmese a lo dicho que el **Distance Education and Training Council**, una agencia de acreditación reconocida por el Departamento de Educación de los Estados Unidos de América, también ha certificado que la acreditación de las instituciones de educación superior es un proceso voluntario. Véase, al respecto, lo dicho por esta agencia de acreditación:

> *«Since accreditation is a voluntary process, each institution must make its own choice to seek accreditation or re-accreditation or not.»*[cxv]

Otra fuente de información que certifica, en lo pertinente, que la acreditación de las instituciones de educación superior que operan legalmente dentro de los Estados Unidos de América es un proceso voluntario, es provista por la *Universidad de Camford,* una entidad que opera en el estado de Alabama, en EE.UU. Véase lo que nos dice esta entidad:

> *«State governments have full authority to control academic institutions and to authorize schools to issue academic degrees and certificates… Accreditation is a fully voluntary, non-governmental process.»*[cxvi]

Otra institución de educación superior que sanciona lo que hemos estado explicando, es la *American University for Humanities,* sita en Tbilisi, Georgia. Según dicho centro educativo, la «acreditación en los Estados Unidos de América es un proceso voluntario, privado y no gubernamental.»[cxvii]

Como hemos visto, distintas instituciones de educación superior y varias organizaciones educativas han dejado más que claro, entre otros asuntos, que la acreditación de las instituciones de educación superior que operan legalmente dentro de los Estados Unidos de America es un proceso voluntario. Ahora vamos a ver, en lo pertinente, que algunos Gobiernos también han certificado lo antes dicho.

El primer ejemplo que plasmaremos proviene de Puerto Rico. Allí, el **Consejo de Educación Superior de Puerto Rico** estableció en uno de sus reglamentos —en el *Reglamento para el Otorgamiento de Licencia a Instituciones de Educación Superior en Puerto Rico*— que «el proceso de acreditación es voluntario y se inicia a solicitud de la institución a la entidad acreditadora.»[cxviii]

El segundo ejemplo que plasmaremos proviene de los Estados Unidos de América. Allí, el propio **Departamento de Educación de los Estados Unidos de América** ha manifestado, en repetidas ocasiones, que el proceso de acreditación de las instituciones de educación superior es un proceso voluntario y no gubernamental.[cxix]

Habiendo discutido lo anterior, ahora vamos a analizar otros asuntos legales relacionados con las agencias de acreditación. Y lo primero que vamos a mencionar es que las agencias de acreditación que están reconocidas por el Departamento de Educación de los Estados Unidos de América, no tienen la potestad legal para controlar la educación superior en el país.

De hecho, es de saber que esas agencias privadas de acreditación: (1) no tienen el poder legal para ordenarles a los gobiernos estatales, cómo deben bregar con los asuntos relacionados con los licenciamientos de las instituciones de educación superior; (2) vienen obligadas a obedecer los reglamentos que apruebe el Departamento de Educación de los Estados Unidos de América en torno a la educación superior; (3) vienen obligadas a respetar y obedecer las leyes que apruebe el Gobierno de los Estados Unidos de América con relación a la educación superior; (4) vienen obligadas a darles grandes deferencias a las decisiones que tomen los organismos estatales que regulan la educación superior.

En torno a los puntos uno y cuatro antes mencionados, entendemos que debemos plasmar un ejemplo para que se puedan entender de una mejor manera. Veamos el ejemplo: si una universidad licenciada y acreditada que opera dentro del estado de California pierde la licencia que le autoriza a operar como institución de educación superior, la acreditación de la universidad tiene que quedar suspendida hasta que la institución resuelva la situación con el gobierno estatal.

¿Saben por qué ocurre eso? Porque el derecho estadounidense claramente establece, en lo pertinente, que si una institución de educación superior quiere estar acreditada, es indispensable que cuente con todos los permisos correspondientes del gobierno estatal.

Vale la pena señalar que lo que hemos estado discutiendo, nos ha hecho recordar lo que ha manifestado el *Departamento de Educación de los Estados Unidos de América*. Según dicho departamento, las agencias de acreditación no controlan la educación superior en la nación estadounidense. Vean, en lo pertinente, lo manifestado por ese departamento federal:

> *«The commissions of the institutional (regional and national) accrediting agencies that are recognized by the Secretary have no legal control over educational institutions or programs.»*[ccx]

No obstante todo lo antes escrito, es de advertir que en algunos territorios y estados estadounidenses se han aprobado varias normativas jurídicas que, al analizarse con gran cuidado, demuestran que las agencias de acreditación sí tienen el poder para regular y controlar la educación superior.

¿Saben por qué decimos eso? Porque en algunos territorios y estados estadounidenses se han aprobado normativas jurídicas que establecen, tajantemente, que todas las instituciones privadas de educación superior tienen que estar, al momento de renovar sus licencias de operación, acreditadas por una o varias agencias de acreditación que estén reconocidas por el Departamento de Educación de los Estados Unidos de América.

Pero eso no es todo, puesto que muchas de esas normativas jurídicas también establecen, en lo cardinal, que si las instituciones de educación superior no logran obtener dichas acreditaciones

Molinos de Diplomas

dentro de un período de tiempo razonable, vienen obligadas a cerrar sus operaciones.

Esto nos trae a la mente un caso que ocurrió en el estado de Wyoming, en los Estados Unidos de América. Allí, el *Gobierno de Wyoming* aprobó una ley que establece, contundentemente, que toda institución privada de educación superior viene obligada a estar acreditada dentro de los primeros cinco años de operación. Dicha ley establece, además, que si las instituciones mencionadas no cumplen con lo señalado les serán revocadas sus licencias de operación.

Por curiosidad, les vamos a decir que esa ley de acreditación obligatoria fue cuestionada en los tribunales estatales por una institución privada de educación superior. ¿Saben qué ocurrió? Que luego de varios procedimientos legales el caso llegó hasta las puertas del ***Tribunal Supremo de Wyoming***, y dicho tribunal llegó a la conclusión de que dicha legislación era válida y necesaria.[cxxi]

VIII. Descripción de las agencias de acreditación

Por otro lado, entendemos que debemos profundizar un poco más en torno a las agencias de acreditación que están gubernamentalmente reconocidas. Lo primero que vamos a mencionar es que la acreditación es, en apretada síntesis, el proceso mediante el cual una institución de educación superior que opera legalmente dentro de un territorio o estado estadounidense, logra un reconocimiento oficial por parte de una agencia privada de acreditación que está debidamente reconocida por el Departamento de Educación de los Estados Unidos de América.

Si fuéramos a resumir lo que hacen las agencias de acreditación en pocas palabras, podríamos decir que las agencias de acreditación están facultadas para emitir unas certificaciones que les hacen saber a la población mundial, entre otros asuntos, que las instituciones que han acreditado son confiables, seguras y comprometidas.

Es importante hacer notar que las agencias de acreditación que están reconocidas por el Departamento de Educación de los Estados Unidos de América, puede ser divididas en cuatros grupos, a saber: (1) en agencias regionales de acreditación; (2) en agencias nacionales de acreditación; (3) en agencias profesionales de acreditación; y (4) en agencias de acreditación religiosa.

En torno a las primeras, es de saber que dichas agencias de acreditación operan por regiones. Es decir, únicamente pueden acreditar a las instituciones de educación superior que se encuentren legalmente operando dentro de los estados y territorios correspondientes a sus regiones.

En la actualidad hay seis agencias regionales de acreditación, y son las siguientes: (1) Middle States Association of Colleges and Schools; (2)

New England Association of Schools and Colleges; (3) North Central Association of Colleges and Schools; (4) Southern Association of Colleges and Schools; (5) Western Association of Schools and Colleges; y (6) Northwest Commission on Colleges and Universities.[cxxii]

Nos parece atinado recordar aquí que de esas agencias de acreditación regional, la que se encarga de acreditar a las instituciones de educación superior que operan legalmente en Puerto Rico es la *Middle States Association of Colleges and Schools.*

Pero *Puerto Rico* no es el único territorio que cubre dicha agencia de acreditación. También se encarga de acreditar a las instituciones de educación superior que se encuentran en los estados de Nueva York, Nueva Jersey, Pennsylvania, Delaware y Maryland. Además de eso, también acredita a las instituciones de educación superior que se encuentran en el Distrito de Columbia y en las Islas Vírgenes Americanas.[cxxiii]

Por su parte, las agencias de acreditación nacional no tienen el impedimento de tener que operar por regiones. Es decir, esas agencias de acreditación pueden acreditar a cualquier institución de educación superior que se encuentre legalmente operando en los Estados Unidos de América, incluyendo en Puerto Rico y en las Islas Vírgenes Americanas.[cxxiv]

Como ejemplo de una agencia de acreditación nacional podemos mencionar al *Consejo de Formación y Educación a Distancia* (DETC, por sus siglas en inglés). Precisa destacar que esa agencia de acreditación, que fue fundada en el año 1926, puede acreditar a las instituciones de educación superior que ofrezcan la inmensa mayoría de sus cursos a distancia.

Precisa destacar, además, que entre las instituciones de educación superior que ha acreditado esta agencia de acreditación, se encuentra una popular universidad llamada *California Miramar University*, antes conocida como *Pacific Western University.*[cxxv]

Por otro lado, las agencias de acreditación profesional lo que hacen es acreditar programas académicos que están destinados a enseñarles a los alumnos, entre otros asuntos, a ejercer una profesión. Sobre eso, es importante mencionar que cuando hablamos de profesiones, nos estamos refiriendo a profesiones como, por ejemplo, de abogado, médico, veterinario, ingeniero, naturópata, entre otras.

Como ejemplo de una agencia de acreditación profesional, podemos mencionar a la *American Bar Association*. Por razón de que esa agencia de acreditación se encarga de acreditar a las instituciones de educación superior que les confieren a los estudiantes el grado de **Doctor en Jurisprudencia** (*Juris Doctor*). Precisa destacar que el *Juris Doctor*, que es un grado doctoral que no requiere la realización de una tesis de grado, es el grado doctoral que se les confiere a los estudiantes de Derecho para que puedan, una vez aprueben los exámenes de reválida, ejercer como abogados.[cxxvi]

Otra agencia de acreditación profesional es la *Accreditation Council for Pharmacy Education*. Valga saber que ésa es la agencia de acreditación profesional que, exclusivamente, está autorizada por el Departamento de Educación de los Estados Unidos de América para acreditar a las instituciones de educación superior que ofrecen el grado de Doctor en Farmacia (*PharmD*), el grado profesional que se confiere para, entre otros asuntos, poder trabajar como farmacéutico.[cxxvii]

Otra agencia de acreditación profesional es el *Council on Podiatric Medical Education*. Valga saber que esa agencia de acreditación está autorizada por el Departamento de Educación de los Estados Unidos de América para, entre otros asuntos, acreditar a las instituciones de educación superior que confieren el grado de Doctor en Medicina Podiátrica (*DPM*), el grado profesional que se confiere en las instituciones de educación superior de los Estados Unidos de América para, entre otros asuntos, practicar la medicina podiátrica.[cxxviii]

Otra agencia de acreditación profesional es el *American Veterinary Medical Association Council on Education*. Precisa destacar que esa agencia de acreditación está autorizada por el Departamento de Educación de los Estados Unidos de América para, entre otros asuntos, acreditar a las instituciones de educación superior que confieren el grado de Doctor en Medicina Veterinaria (*DVM*).

No está de más recordar que el grado de Doctor en Medicina Veterinaria es, para que quede claro, un grado doctoral que confieren algunas instituciones de educación superior para que sus egresados puedan, entre otras facultades, trabajar como veterinarios.[cxxix]

Por otro lado, valga saber que las agencias de acreditación religiosa son las agencias que, entre otras facultades, están autorizadas por el Gobierno de los Estados Unidos de América para acreditar a las instituciones de educación superior que ofrecen grados religiosos. En la actualidad, debido al enorme fanatismo religioso que hay dentro del territorio estadounidense, hay agencias de acreditación que están fuertemente relacionadas con el macabro cristianismo y con el ridículo judaísmo.

Habiendo dicho eso, entendemos que es prudente plasmar dos ejemplos de agencias de acreditación religiosa. El primer ejemplo que plasmaremos guarda estrecha relación con el macabro cristianismo, puesto que por ahí hay una agencia de acreditación que se llama, ridículamente, «*Association for Biblical Higher Education.*»[cxxx]

Por último, el segundo ejemplo que plasmaremos guarda estrecha relación con el judaísmo. Por razón de que en los Estados Unidos de América hay una agencia de acreditación, llamada «*Association of Advanced Rabbinical and Talmudic Schools*», que se encarga de acreditar a todos los centros educativos que confieren grados religiosos relacionados con el ridículo judaísmo.[cxxxi]

IX. Importancia de la acreditación

Hemos visto que las instituciones de educación superior que operan legalmente dentro de los Estados Unidos de América, como regla general, no tienen que estar acreditadas. Ahora bien, es indispensable mencionar que lo acabado de mencionar es, puramente, desde un punto de vista legalista. Decimos eso por razón de que la dimensión empírica ha demostrado, entre otros asuntos, que las instituciones de educación superior sí tienen que estar acreditadas. Nos explicamos.

Es de conocimiento público que muchísimas personas que han cursado estudios en universidades no acreditadas, han confrontado un sinnúmero de problemas al utilizar o intentar utilizar los grados académicos obtenidos en las mencionadas instituciones.

Así, por ejemplo, se sabe que a esas personas se les hace muy difícil, por no decir imposible, conseguir posiciones como profesores o investigadores universitarios. Por motivo de que las universidades acreditadas tienen unas reglamentaciones que establecen, en lo pertinente, que los profesores y los investigadores que sean contratados tienen que poseer grados académicos que hayan sido conferidos por universidades acreditadas.

Un buen ejemplo sobre lo anterior proviene del estado de California, en los Estados Unidos de América. Allí, durante el año 2009, una institución de educación superior —conocida como la *Universidad de Antioch*— publicó una convocatoria con el fin de reclutar a varias personas como profesores de psicología. Y en dicha convocatoria de empleo se estableció, con mucha claridad, que los solicitantes tenían que demostrar que sus grados académicos habían sido conferidos por instituciones acreditadas.[cxxxii]

Otro ejemplo proviene del *Bates Technical College*, una institución de educación superior que está ubicada en los Estados Unidos de América. Allí, durante el año 2009, se publicó una convocatoria de empleo con el fin de reclutar a varias personas como profesores de idiomas. Y en dicha convocatoria se estableció, con mucha claridad, que los solicitantes tenían que demostrar que sus grados académicos habían sido conferidos por universidades acreditadas.[cxxxiii]

Siguiendo con el asunto que venimos discutiendo, precisa mencionar que muchas personas que han obtenido grados académicos en universidades licenciadas y no acreditadas, lamentablemente, han tenido serias dificultades para conseguir empleos, tanto en el sector público como en el sector privado. ¿Saben por qué? Porque la inmensa mayoría de los empleadores tienen unas reglamentaciones internas que establecen, en lo pertinente, que los puestos de trabajo tienen que ser ocupados por personas que hayan cursado estudios en instituciones acreditadas.

Antes de continuar, entendemos que debemos realizar un pequeño paréntesis en la discusión para mencionar que en los Estados Unidos de América es legal que los empleadores, tanto los privados como los gubernamentales, informen a través de las convocatorias a empleo: (1) que sólo entrevistarán y reclutarán a personas que hayan cursado estudios en instituciones acreditadas; o (2) que sólo entrevistarán y reclutarán a personas que hayan cursado estudios en ciertas instituciones de educación superior, como por ejemplo, en instituciones que estén acreditadas por la *Asociación Americana de Abogados*.

¿Y qué significa lo antes discutido? Que todos los empleadores, velando por el mejor bienestar de sus centros de trabajo, pueden establecer dentro de las convocatorias a empleos: (1) todos aquellos requisitos educativos que deseen; y (2) requisitos relacionados con experiencias laborales.

Precisa señalar que esto que acabamos de mencionar lo ha confirmado la **Comisión de Educación Postsecundaria de California**, una agencia estatal que está encargada de regular la educación superior. Decimos eso por razón de que esa agencia gubernamental ha manifestado, en lo pertinente, que:

«Accreditation does not provide automatic acceptance...of graduates by employers. Acceptance of students or graduates is always the prerogative of the...employer.»[cxxxiv]

Y no está de más recordar que el **Arkansas State Board of Private Career Education**, la agencia estatal que está encargada de regular la educación superior en estado mencionado, tiene una opinión muy parecida a la anterior. Decimos eso por razón de que esa agencia gubernamental ha manifestado lo siguiente: «accreditation does not provide automatic acceptance...of graduates by employers.»[cxxxv]

Ahora bien, para que lo anterior sea legal es indispensable que los empleadores plasmen los requisitos deseados: (1) en las reglamentaciones internas; y (2) en las convocatorias de empleos. Aunque los Gobiernos, tanto los estatales como los locales, también puede hacer lo anterior a través de normativas jurídicas.

¿Y qué pasaría si los empleadores no hacen lo anterior de las formas arriba plasmadas? Que los candidatos a empleo que hayan cursado estudios en universidades licenciadas y no acreditadas, puedan competir por los puestos de trabajo en igualdad de condiciones que los que han cursado estudios en universidades acreditadas.[cxxxvi]

Así, por ejemplo, si en una convocatoria a empleo un patrono dice que los solicitantes tienen que demostrar que poseen un doctorado en jurisprudencia, sin más, eso permitiría que las personas que hayan cursado estudios en instituciones licenciadas y no acreditadas puedan competir por los empleos.

Por otro lado, es necesario mencionar que las personas que han cursado estudios en universidades licenciadas y no acreditadas tienen otro gravísimo problema, a saber, se les hace sumamente difícil transferir los créditos obtenidos a las universidades acreditadas. ¿Saben por qué? Por razón de que las universidades acreditadas tienen unos rigurosos reglamentos que establecen, en apretada síntesis, que sólo pueden aceptar créditos universitarios que se hayan obtenido en instituciones acreditadas.

Y sobre este último punto, veamos un ejemplo que proviene de Puerto Rico. Allí, la Escuela de Derecho de la Universidad de Puerto Rico ha plasmado en un reglamento, entre otros asuntos, que acepta estudiantes transferidos de otras escuelas de Derecho. Ahora bien, en una parte de ese mismo reglamento se menciona que los créditos que se pretendan transferir tuvieron que haber sido cursados en escuelas de Derecho acreditadas por la *Asociación Americana de Abogados.*[cxxxvii]

Otro ejemplo proviene de la *Escuela de Derecho de la Universidad de Harvard*, ubicaba en los Estados Unidos de América. Valga saber que ese prestigioso centro docente ha establecido, dentro de una de sus reglamentaciones internas, que acepta estudiantes transferidos de otras escuelas de Derecho, siempre y cuando esas otras escuelas estén acreditadas por la *Asociación Americana de Abogados.*[cxxxviii]

Otro ejemplo sobre lo que venimos discutiendo proviene de la *Escuela de Derecho de la Universidad de Yale*, ubicada en los Estados Unidos de América. Allí, los directores de esa conocidísima institución educativa establecieron, dentro de varias reglamentaciones institucionales, que sí aceptan estudiantes trasferidos de otras escuelas de Derecho. Pero impusieron una condición, a saber, que esas escuelas de Derecho estuvieran acreditadas por la Asociación Americana de Abogados.[cxxxix]

Habiendo llegado a este punto de la discusión, tenemos que decir que toda la evidencia recopilada ha demostrado que la acreditación es, por decir lo menos, un asunto fundamental para una institución de educación superior, «ya que, de lo contrario, perdería estatus y reconocimiento académico, sus estudiantes tendrían dificultad para cualificar para ayudas federales y a sus egresados no se le convalidarían sus grados en otras instituciones o en los estados para trabajar.»[cxl]

Por otro lado, entendemos que no debemos perder esta oportunidad para manifestar que, desde una óptica puramente legal, ninguna institución de educación superior que opere legalmente dentro de territorio estadounidense viene obligada a aceptar los créditos que un estudiante haya obtenido en otra institución de educación superior. Y eso aplica, para que quede claro, incluso entre instituciones de educación superior que estén acreditadas por agencias de acreditación reconocidas por el Gobierno de los Estados Unidos de América.

Comentando sobre este particular, nos dice el *Seminario Internacional* —una institución de educación religiosa que está ubicada en el estado de la Florida, en Estados Unidos de América— lo siguiente:

> «No college can guarantee the acceptance of credits or degrees since each student is evaluated and then accepted or denied based upon a number of individualistic factors.»[cxli]

Por último, merece mención el hecho de que la *Universidad de Madison* ha manifestado sobre esto que estamos discutiendo que:

> «Accreditation does not provide automatic acceptance by an institution of credit earned at another institution...Acceptance of students or graduates is always the prerogative of the receiving institution...».[cxlii]

X. Reconocimiento de grados académicos obtenidos en el extranjero

Como sabemos, en los Estados Unidos de América hay muchísimas personas que han estudiado en instituciones de educación superior que se encuentran en el extranjero, o sea, fuera del territorio estadounidense. Sin embargo, la inmensa mayoría de esas instituciones de educación superior no están acreditadas por agencias de acreditación reconocidas por el Departamento de Educación de los Estados Unidos de América. ¿Saben por qué? Porque, desde una óptica legal, no tienen que estarlo.

Recordemos que el *Derecho Internacional* establece que cada país es soberano, por lo que un país no tiene que cumplir con las leyes de otro país, como regla general. Recordemos, además, que «en el campo de las relaciones internacionales, un Estado soberano es igual a los demás: puede gobernar su propio territorio, declarar la guerra, o regular su estructura política, por ejemplo.»[cxliii]

Ahora bien, valga saber que algunas instituciones de educación superior que se encuentran en el extranjero sí están acreditadas por agencias de acreditación que están reconocidas por el Departamento de Educación de los Estados Unidos de América. Ello lo han hecho voluntariamente y, sobre todo, con el interés de facilitarles a sus egresados la aceptación de sus grados académicos en los Estados Unidos de América. Aunque jamás podemos pasar por alto que algunas de esas instituciones extranjeras han decidido estar acreditadas en aras de atraer estudiantes estadounidenses.

Un buen ejemplo sobre esto proviene de Canadá. Allí, había una institución de educación superior llamada *Lansbridge University* que, durante el año 2005, fue acreditada por el Consejo de Formación y Educación a Distancia.[cxliv] Otro ejemplo sobre lo que venimos discutiendo también proviene de Canadá. Allí, hay una institución de educación postsecundaria llamada *International Career School Canadá* que, favorablemente, también fue acreditada por el Consejo de Formación y Educación a Distancia.^{cxlv}

Ahora bien, debe notarse que dijimos líneas arriba que la inmensa mayoría de las instituciones de educación superior que están en el extranjero no están acreditadas por agencias de acreditación estadounidenses. A la sazón, la pregunta que hay que contestar es la siguiente: ¿los grados académicos que han sido legalmente conferidos por las instituciones educación superior que se encuentran en el extranjero, pueden ser utilizados en los Estados Unidos de América? La contestación es sencilla, a saber, depende.

Todas las personas que hayan estudiado en instituciones de educación superior que se encuentren en el extranjero, si quieren que sus títulos sean válidos en los Estados Unidos de América, tienen la obligación de demostrar que sus grados académicos fueron obtenidos en instituciones que estaban legalmente autorizadas a operar como instituciones de educación superior.

Luego de eso, tienen que enviar sus títulos y sus certificados de estudios a una de las pocas agencias de evaluación de credenciales que están reconocidas por el Departamento de Educación de los Estados Unidos de América. Con el fin de que dichas agencias, luego de analizar con gran detenimiento las credenciales enviadas, realicen una especie de homologación de grados.[cxlvi]

Una vez cumplidos esos dos requisitos, los grados académicos otorgados en el extranjero sí pueden ser utilizados en los Estados Unidos América para propósitos de empleos y estudios.

Precisa destacar que en los Estados Unidos de América, hay pocas agencias de evaluación de credenciales que están reconocidas por el Departamento de Educación de los Estados Unidos de América. Y de todas ellas, las más que son consultadas por los patronos y por las instituciones de educación superior que operan en suelo estadounidense son, y téngase muy presente, las que pertenecen al «*National Association of Credential Evaluation Services.*»[cxlvii]

XI. Apostilla en grados académicos

Por otro lado, es importante explicar lo que significa la Apostilla y, sobre todo, cuál es su impacto sobre la legalidad y la legitimación de los grados académicos. Lo primero que debemos saber es que la **Apostilla**, analizada desde un crisol puramente legalista, es una certificación notarial «cuyo fin es la verificación de las firmas, sellos y formatos de los diplomas y notas emitidos por las Universidades de un país, de tal manera que se confirma la legalidad y la autenticidad de estos documentos en otros países.»[cxlviii]

Lo segundo que se debe saber, es que el asunto de las apostillas está estrictamente regulado por el Derecho Internacional. De hecho, «el procedimiento de la apostilla se estableció mediante un acuerdo internacional llamado *Convención de la Haya sobre la Abolición del Requisito de Legalización para Documentos Públicos Extranjeros.*»[cxlix]

Explicados esos dos asuntos, ahora debemos realizar una importantísima aclaración. La apostilla no certifica, bajo ningún concepto, la legitimidad de los documentos apostillados. Por consiguiente, cualquier documento, aunque sea fraudulento, puede estar apostillado y ponchado por organismos gubernamentales.

Para que se entienda de una mejor manera lo acabado de explicar, vamos a plasmar un ejemplo. Imagine que Carlos obtiene un doctorado en una universidad patito —o sea, de una entidad fraudulenta— que opera ilegalmente en el estado de California, en los Estados Unidos de América.

Luego de eso, el representante de la universidad patito realiza una declaración jurada ante un notario público en donde jura, entre otros asuntos, que Carlos obtuvo dicho doctorado. Imaginemos, además, que el representante de la universidad patito, con el fin de sustentar la declaración jurada, le muestra al notario: (1) el diploma; (2) la transcripción de créditos; y (3) la certificación del grado.

Así las cosas, el notario procede a firmar, sellar y rubricar la declaración jurada y los documentos que acompañan dicha declaración (el grado académico, la trascripción de créditos y la certificación de grado). Luego de eso, el representante de la universidad patito lleva la declaración jurada y los documentos mencionados —el grado académico, la trascripción de créditos y la certificación de grado— ante el Departamento de Estado de California.

Y estando allí, los funcionarios de dicho departamento emiten una certificación en donde manifiestan, entre otros asuntos, que el notario que juramentó los documentos mencionados estaba autorizado a ejercer la notaría. Pues bien, esa certificación que emitieron los funcionarios del Departamento de Estado de California es, nada más y nada menos, que la afamada *Apostilla de La Haya*.

Nótese que en ningún momento se certificó si los documentos apostillados —la declaración jurada, el grado académico, la trascripción de créditos y la certificación de grado— eran legítimos. Es decir, si la entidad que los emitió estaba legalmente facultada para emitirlos.

Lo que hemos querido demostrar con todo lo anterior es, principalmente, que la *Apostilla de La Haya* no es un método confiable para saber si un grado académico obtenido en el extranjero o localmente es legítimo o fraudulento. Lo único que hace la apostilla es, en apretada síntesis, certificar si el notario que firmó, selló y rubricó un documento estaba autorizado a ejercer la notaría.

Habiendo dicho eso, no está de más mencionar que la **Oficina de Autorización de Grados Académicos de Oregón** nos dice lo siguiente sobre la Apostilla de La Haya:

> *«An apostille (sometimes called an 'Apostille of the Hague') simply means that the document is a document of the sort it purports to be. No evaluation of what stands behind the document is made. An apostille affixed to a bogus degree does not make it a genuine degree.»*[cl]

Por último, culminamos la discusión de esta sección diciendo que la **Comisión de Educación Superior de Nueva Jersey** ha manifestado, en lo pertinente, que apostillar un grado académico fraudulento no convierte dicho grado en uno válido y confiable. Así lo dice esa agencia gubernamental: «an apostille affixed to a bogus degree does not make it a genuine degree.»[cli]

Capítulo V
Discusión de resultados

I. Introducción

Como sabemos, todo libro exploratorio-descriptivo tiene que tener un capítulo o una sección en donde se expliquen y se analicen los resultados obtenidos. Ahora bien, debe saberse que no hay una forma universal para organizar esa sección. Y como eso es así, a nadie le debe extrañar que el formato de esa sección, por lo regular, esté basado en el diseño del libro y el en tipo de investigación que se «emplee para la consecución de los objetivos.»[clii]

Aclarado ese asunto, pasemos a mencionar que en el segundo capítulo de este librito escribimos, entre otras cosas, varias preguntas de investigación y varias hipótesis. Veámoslas nuevamente:

1. ¿Son legales los grados académicos que confieren las instituciones de educación superior estadounidenses que no están acreditadas por agencias de acreditación que están reconocidas por el Departamento de Educación de Estados Unidos de América?

   Hipótesis planteada: no son legales los grados académicos que confieren las instituciones de educación superior estadounidenses, si no están acreditadas por agencias de acreditación reconocidas por el Departamento de Educación de Estados Unidos de América.

2. ¿El Departamento de Educación de los Estados Unidos de América, controla y supervisa directamente la operación de las instituciones de educación superior en los Estados Unidos de América?

   Hipótesis planteada: *el Departamento de Educación de los Estados Unidos de América, sí controla y supervisa de manera directa la operación de las instituciones de educación superior que operan dentro del territorio estadounidense.*

3. ¿Las entidades privadas de acreditación que están reconocidas por el Departamento de Educación de los Estados Unidos de América, tienen el poder legal para autorizar la operación de una institución de educación superior dentro de un territorio estadounidense?

   Hipótesis planteada: *las entidades privadas de acreditación que están reconocidas por el Departamento de Educación de los Estados Unidos de América, sí tienen el poder legal para autorizar la operación de una institución de educación superior en los Estados Unidos de América.*

4. ¿Un estado de los Estados Unidos de América, tiene el poder legal para rechazar, para propósitos de empleos gubernamentales, grados académicos que hayan sido conferidos por instituciones de educación superior que, a pesar de no estar acreditadas, sí están operando legalmente en otros estados de los Estados Unidos de América?

> **Hipótesis planteada:** *un estado de los Estados Unidos de América no tiene el poder legal para rechazar, para propósitos de empleos gubernamentales, grados académicos que hayan sido conferidos por instituciones de educación superior que, a pesar de no estar acreditadas, están legalmente operando en otros estados estadounidenses.*

5. ¿Son legales los grados religiosos que confieren las instituciones de educación religiosa que operan legalmente en los Estados Unidos de América, a pesar de no estar acreditadas por una agencia de acreditación reconocida por el Departamento de Educación de los Estados Unidos de América?

> **Hipótesis planteada:** *son legales los grados religiosos que confieran las instituciones de educación religiosa que operen legalmente en los Estados Unidos de América, aunque no estén acreditadas por una agencia de acreditación reconocida por el Departamento de Educación de los Estados Unidos de América.*

6. ¿Son legales los grados académicos que confieren las instituciones de educación superior que operan legalmente dentro de las reservas indias, a pesar de que dichas instituciones no estén acreditadas por agencias de acreditación que estén reconocidas por el Departamento de Educación de los Estados Unidos de América?

> *Hipótesis planteada: no son legales los grados académicos que confieran las instituciones de educación superior que operan legalmente dentro de las reservas indias, si dichas instituciones de educación superior no están acreditadas por agencias de acreditación que estén reconocidas por el Departamento de Educación de los Estados Unidos de América.*

Habiendo repasado lo anterior, ahora vamos a contestar las preguntas de investigación y, sobre todo, a corroborar las hipótesis. Procede señalar que para realizar dichas acciones, vamos a utilizar la data que logramos recolectar a través de las fuentes de información consultadas.

II. Discusión de resultados de la pregunta de investigación número uno

Sobre la primera pregunta de investigación, tenemos que informar que la hipótesis planteada fue comprobada. Es decir, no son legales todos los grados académicos que confieren las instituciones de educación superior que no están acreditadas por entidades reconocidas por el Departamento de Educación de Estados Unidos de América.

Ello es así porque el Derecho estadounidense establece, en lo pertinente, que para que un grado académico sea legal la institución de educación superior que lo haya conferido tenía que estar legalmente operando dentro de algún territorio, reserva o estado de los Estados Unidos de América.

Valga saber que para descubrir este dato, analizamos rigurosamente lo indicado por la **Middle States Commission on Higher Education**, una agencia regional de acreditación que está reconocida por el *Gobierno de los Estados Unidos de América*. Véase, en ese sentido, lo manifestado por la agencia de acreditación:

> *«Before a U.S. institution can become accredited, it usually must obtain a license from the state in which it is chartered, authorizing the institution to award a degree.»*[cliii]

También pudimos corroborar la hipótesis planteada al utilizar, entre otras fuentes, informaciones que nos brindaron varias instituciones de educación superior que operan legalmente en los Estados Unidos de América, entre ellas, la *Universidad de Preston*. En ese sentido, véase lo que manifestó ese centro educativo que opera legalmente en el estado de California, en los EE.UU.:

«*State governments have full authority to control academic institutions and to authorize schools to issue academic degrees and certificates. This control is implemented through the state licensing process.*»[cliv]

Teniendo en cuenta lo antes indicado, de manera particular hay que subrayar que a través de la investigación descubrimos un dato jurídicamente sobresaliente, a saber, que un grado académico que haya sido conferido por una institución de educación superior que esté legalmente operando dentro de algún territorio o estado estadounidense, puede ser considerado inválido en otro territorio o estado estadounidense.

Eso se debe a que cada uno de los estados de los Estados Unidos de América: (1) es autónomo; y (2) tiene la facultad legal para establecer, dentro de sus normativas jurídicas, que no le conferirá entera fe y crédito a los grados académicos que hayan sido conferidos por instituciones de educación superior que, a pesar de estar legalmente operando dentro de otros territorios o estados estadounidenses, no estén acreditadas por agencias de acreditación reconocidas por el Gobierno de los Estados Unidos de América.

Cabe señalar que descubrimos ese desacuerdo jurídico al analizar, entre otras fuentes de información, una información que nos brindó el **Departamento de Educación de los Estados**

Unidos de América. En ese sentido, véase lo manifestado por ese departamento gubernamental:

> *«In some states, it can be illegal to use a degree from an institution that is not accredited by a nationally recognized accrediting agency, unless approved by the state licensing agency.»*[clv]

III. Discusión de resultados de la pregunta de investigación número dos

Por su parte, sobre la pregunta de investigación número dos tenemos que informar que la hipótesis planteada no fue confirmada. Es decir, a través de la investigaron descubrimos que el Departamento de Educación de los Estados Unidos de América no controla ni supervisa la operación de las instituciones de educación superior que operan dentro del territorio estadounidense.

Ello es así porque el derecho estadounidense establece: (1) que el *Gobierno de los Estados Unidos de América* no tiene la facultad legal para regular la educación dentro de los territorios y estados estadounidenses; (2) que los territorios y estados estadounidenses tienen, entre otros poderes, plena autonomía para regular y supervisar la operación de las instituciones de educación que se encuentran dentro de sus demarcaciones territoriales; (3) que lo único que puede hacer el Departamento de

Educación de los Estados Unidos de América es, con relación a las universidades que operan legalmente, establecer reglamentaciones para que las instituciones de educación superior que así lo deseen puedan recibir, entre otras asistencias, ayudas económicas para los estudiantes.

Es imprescindible mencionar que para descubrir ese importantísimo dato jurídico analizamos, entre otras informaciones, lo que manifestó la **Organización de las Naciones Unidas para la Educación, la Ciencia y la Cultura**. En ese sentido, véase lo manifestado por esa organización internacional:

> «*The federal government has no jurisdiction or authority over the recognition of educational institutions, members of the academic professions, programmes or curricula, or degrees or other qualifications.*»[clvi]

Deseamos decir, además, que también analizamos lo que manifestó el **Departamento de Educación de los Estados Unidos de América**. En ese sentido, véase lo manifestado por ese departamento federal:

> «*State government authorities are responsible for regulating postsecondary education within their jurisdictions through the initial approval of providers to offer postsecondary education services, oversight, and the enforcement of applicable state laws and regulations.*»[clvii]

Es importante indicar, además, que también obtuvimos resultados similares al consultar la literatura que nos suministraron varias instituciones de educación superior que operan legalmente en los Estados Unidos de América. Un buen ejemplo sobre esto es que el *Cambridge Theological Seminary International* nos indicó, en lo pertinente, lo siguiente:

> «*Therefore, the authority of the U.S. Department of Education does not extend to authorizing schools to operate, to enroll students, or to award degrees. In addition, the U.S. Department of Education (USDE) is not responsible for accreditation of institutions…*».[clviii]

IV. Discusión de resultados de la pregunta de investigación número tres

Por su parte, sobre la pregunta de investigación número tres tenemos que informar que la hipótesis planteada no fue confirmada. Por razón de que descubrimos, a través de un riguroso análisis de la literatura, que las entidades privadas de acreditación que están reconocidas por el Departamento de Educación de los Estados Unidos de América no tienen, bajo ningún concepto, el poder legal para autorizar la operación de una institución de educación superior en los Estados Unidos de América.

Ello es así porque el derecho estadounidense claramente establece, en lo pertinente, que las agencias de acreditación que están reconocidas por el Departamento de Educación de los Estados Unidos de América:

> sólo están encargadas de evaluar el funcionamiento de las instituciones de educación superior que estén acreditadas o que estén en proceso de estar acreditadas, con el fin de establecer si esas instituciones pueden recibir ayudas económicas federales;

> no tienen el poder legal para ordenar el cierre de una institución de educación superior. Puesto que ese poder sólo les corresponde a los territorios y a los estados estadounidenses.

De conformidad con esto, valga saber que llegamos a ese resultado por razón de que analizamos, entre otras informaciones, lo que nos indicó el **Departamento de Educación de los Estados Unidos de América**. Véase, en ese sentido, lo manifestado por ese departamento federal:

> *The commissions of the institutional (regional and national) accrediting agencies that are recognized by the Secretary have no legal control over educational institutions or programs. They promulgate standards of quality or criteria of institutional excellence and approve or renew membership of those institutions that apply for meet their accreditation and standards or criteria.*[clix]

V. Discusión de resultados de la pregunta de discusión número cuatro

Por su parte, sobre la pregunta de investigación número cuatro tenemos que informar que la hipótesis planteada no fue confirmada. Es decir, a través de la investigación descubrimos que los gobiernos estatales y territoriales de los Estados Unidos de América tienen la facultad legal para rechazar, para propósitos de empleos gubernamentales, grados académicos que hayan sido conferidos por instituciones de educación superior que, a pesar de no estar acreditadas, estén legalmente operando en otros territorios o estados estadounidenses.

Ello es así porque los territorios y los estados estadounidenses: (1) son soberanos; y (2) tienen la facultad legal para establecer en sus leyes y reglamentaciones, entre otras exigencias, requisitos educacionales para que las personas puedan practicar legal y libremente una profesión u oficio.

Dicho eso, entendemos que no está de más mencionar que a través de la investigación descubrimos un asunto jurídico que está estrechamente relacionado con la pregunta de investigación planteada. Y lo que descubrimos fue que en los Estados Unidos de América, en donde viven millones de discriminadores, las empresas privadas tienen la facultad legal para rechazar, de manera abierta y tajante, a los candidatos a empleo que hayan cursado estudios en instituciones de educación superior que no estén acreditadas.

Inclusive, también descubrimos que las empresas privadas pueden establecer en sus convocatorias a empleos todos aquellos requisitos que deseen y gusten. Claro está, siempre y cuando dichos requisitos no violenten la ley, la moral y/o el orden público.

Precisa señalar que lo antes manifestado fue confirmado por la *Universidad Estatal de Breyer,* una institución de educación superior que opera legalmente en el estado de California, en los Estados Unidos de América. En ese sentido, véase lo manifestado por dicha universidad:

> *«Each employer has its prerogative as to what types of educational credentials it will or will not accept for each particular job or position. Employers basically have a right to define qualifications for jobs. »*[clx]

Ya que hemos mencionado el asunto de la aceptación de las credenciales académicas, entendemos que debemos mencionar un importante asunto que aprendimos a través de la investigación. Y lo que aprendimos fue que las instituciones de educación superior que están acreditadas no vienen obligadas a aceptar, para propósitos de transferencias de créditos, las horas créditos que hayan sido cursadas en las universidades licenciadas y no acreditadas.[clxi]

Fueron muchísimas las fuentes de información que nos demostraron lo antes mencionado. Y de todas ellas, la más convincente que nos resultó fue una que redactó la *Oficina de Servicios para Niños y Familias del Estado de Nueva York*. En ese sentido, véase lo manifestado por esa agencia gubernamental:

> «*Accreditation does not provide automatic acceptance by an institution of credit earned at another institution, but without accreditation most other colleges will not accept these transfer credits.*»[clxii]

Ahora bien, es necesario mencionar que una de las cuestiones que más nos sorprendió sobre lo que estamos discutiendo, es que descubrimos que algunas instituciones de educación superior que no están acreditadas, de manera honesta y responsable, les advierten a sus posibles estudiantes sobre las enormes consecuencias que puede tener si deciden cursar estudios en universidades no acreditadas. Y entre las advertencias que pudimos observar vimos, en varias ocasiones, la que establece que los diplomas obtenidos en universidades no acreditadas no suelen ser aceptados por los patronos.[clxiii]

Cabe señalar, por último, que la investigación para realizar este pequeño libros nos permitió descubrir, entre otros asuntos, una cuestión que era totalmente desconocida para nosotros. ¿Saben qué fue lo que descubrimos? Que las instituciones de educación superior que están acreditadas por agencias de acreditación que están reconocidas por el Departamento de Educación de los Estados Unidos de América, no están obligadas —ni por ley ni por reglamento— a aceptar los créditos universitarios que se hayan obtenido en otras instituciones de educación superior que estén acreditadas.

Fueron muchísimas las fuentes de información que nos demostraron ese dato, por lo que sólo vamos a plasmar dos de ellas. La primera fuente informativa que plasmaremos está relacionada con el *Colegio Universitario de la Concordia*, una institución de educación superior que está registrada en el Estado Libre Asociado de Dominica. Véase, en lo pertinente, lo manifestado por ese centro educativo:

> *«Keep in mind that accreditation does not provide automatic acceptance by an institution of credit earned at another institution...Acceptance of students or graduates is always the prerogative of the receiving institution...».*[clxiv]

La segunda fuente de información consultada, que tiene un enorme peso corroborativo, fue redactada por el **Departamento de Educación de los Estados Unidos de América**. En ese sentido, véase lo que ha manifestado ese departamento del Gobierno de los Estados Unidos:

Accreditation does not provide automatic acceptance by an institution of credit earned at another institution, nor does it give assurance of acceptance of graduates by employers. Acceptance of students or graduates is always the prerogative of the receiving institution or employer.[cbv]

VI. Discusión de resultados de la pregunta de investigación número cinco

Sobre la pregunta de investigación número cinco, tenemos que informar que la hipótesis planteada fue confirmada. Es decir, en los Estados Unidos de América son legales los grados religiosos que confieran las instituciones de educación religiosa, aunque no estén acreditadas por agencias de acreditación reconocidas.

Ello es así porque el Derecho Constitucional establece, entre otros asuntos, que en los Estados Unidos de América: (a) hay libertad religiosa; y (b) existe plena separación entre los asuntos religiosos y los asuntos gubernamentales. Y no está de más recordar que esa libertad religiosa es tan potente, que cualquier grupo religioso puede fundar y operar una institución de educación religiosa.

Además de eso, precisa señalar que nosotros creemos, debido a nuestra formación jurídica, que obligar a una institución de educación religiosa a estar acreditada por una agencia de acreditación que esté reconocida por el Gobierno de los Estados Unidos de América es, por decir lo menos, una violación al principio de separación entre iglesia y Estado. Lo que es más, también somos de opinión de que las autoridades estatales no tienen jurisdicción sobre las enseñanzas religiosas que se imparten en las instituciones religiosas.

Dicho eso, ahora tenemos que mencionar que la investigación nos llevó a descubrir un asunto jurídico bastante interesante, a saber, que la inmensa mayoría de los territorios y estados estadounidenses han aprobado leyes y reglamentos que establecen, convenientemente, que las instituciones de educación religiosa tienen que registrarse con las autoridades educativas antes de comenzar a conferir grados religiosos. Pero esas registraciones, adecuadamente, son bastantes laxas.[clxvi]

Habiendo llegado a este punto de la discusión, tenemos que indicar que para llegar a las conclusiones plasmadas tuvimos que analizar varias fuentes de información. Y entre las fuentes analizadas, se encuentran algunas que fueron producidas por instituciones que brindan educación religiosa.

Con lo anterior en mente, valga saber que el *Colegio Internacional de Teología Metafísica* nos brindó informaciones valiosísimas para llegar a la conclusión arriba apuntada. Decimos eso por razón de que esa institución religiosa nos dijo que en los Estados Unidos de América: (1) la acreditación de las instituciones religiosas es un proceso voluntario; (2) la educación religiosa está protegida por la

Molinos de Diplomas

Primera Enmienda a la Constitución de los Estados Unidos de América; (3) el derecho a la libertad religiosa incluye, entre otros asuntos, el derecho de enseñarles a otras personas sobre asuntos religiosos.[clxvii]

Otra institución de educación religiosa que confirma nuestros hallazgos es el *Florida Vedic College*. Según esa institución de educación religiosa, que opera legalmente en los Estados Unidos de América, el derecho estadounidense establece que las instituciones religiosas no vienen obligadas a estar acreditadas por agencias de acreditación que estén gubernamentalmente reconocidas.[clxviii]

Teniendo en cuenta lo anterior, es de saber que la *Universidad Internacional de Teología* —una institución de educación religiosa que opera legalmente en el estado de California, en los Estados Unidos de América— también ha confirmado el asunto de las protecciones constitucionales que poseen las instituciones educativas que imparten enseñanzas religiosas. De hecho, esa institución también manifiesta que dentro del Derecho constitucional a la libertad religiosa se encuentra el derecho a la enseñanza religiosa.[clxix]

Otra institución de educación religiosa que sustenta las conclusiones manifestadas es el *Cambridge Theological Seminary Internacional,* una institución de educación religiosa que opera legalmente en el estado de Ohio, en los Estados Unidos de América.[clxx] Decimos eso por razón de que esa institución manifestó, en lo pertinente, que obligar a una institución religiosa a estar acreditada por una agencia de acreditación es un acto inconstitucional.

También es indispensable saber que el *Covenant Bible College & Theological Seminary*, una institución de educación religiosa que opera legalmente en el estado de Indiana, nos informó: (1) que obligar a una institución de educación religiosa a estar acreditada es, por decir lo mínimo, un acto inconstitucional; (2) que las autoridades estatales, incluyendo los legisladores, no tienen jurisdicción sobre las enseñanzas religiosas que se imparten en las instituciones de educación religiosa. Por lo que no puede regular, de manera severa, nada que esté relacionado con la educación religiosa.[clxxi]

Cabe señalar, por último, que a través de la investigación descubrimos un dato jurídico y educativo sumamente curioso, a saber, que los grados religiosos que son conferidos por instituciones religiosas, aunque dichas instituciones no estén acreditadas, tienen mayor uso y movilidad entre los estados y territorios estadounidenses.

Es decir, la inmensa mayoría de las instituciones de educación superior y la inmensa mayoría de los gobiernos estatales y locales aceptan, para cuestiones de empleo y educación, los grados religiosos que hayan sido conferidos por instituciones religiosas que no estén acreditadas por agencias de acreditación reconocidas por el Gobierno de los Estados Unidos de América.

VII. Discusión de resultados de la pregunta de investigación número seis

Sobre la pregunta de investigación número seis, tenemos que informar que la hipótesis planteada no fue confirmada. Es decir, la investigación demostró que son legales los grados académicos que confieren las instituciones estadounidenses de educación superior que operan legalmente dentro de las reservas indias. Y ello es así aunque dichas instituciones de educación superior no estén acreditadas por agencias de acreditación reconocidas por el Gobierno de los Estados Unidos de América.

Ello es así porque el Derecho Indígena de los Estados Unidos de América establece, entre otros asuntos: (1) que las reservas indias son territorios *cuasi* autónomos; y (2) que las reservas indias, dentro de los poderes autonómicos que poseen, tienen el derecho de fundar y operar escuelas, colegios e instituciones de educación superior.

Con lo anterior en mente, no está de más mencionar que lo único que necesita una institución de educación superior que se encuentre dentro de una reserva india para legítimamente conferir grados académicos es, sin más, el permiso correspondiente del gobierno autónomo de la reserva

Ahora bien, es pertinente hacer notar que a través de la investigación descubrimos un dato jurídico sumamente importante, a saber, que el Gobierno de los Estados Unidos de América, a través de la *Oficina de Asuntos de Nativos Americanos*, vigila lo que ocurre dentro de las reservas indias, incluyendo, los asuntos educativos.

Logo de la Oficina de Asuntos de Nativos Americanos

Llegados a este punto de la discusión, entendemos que debemos mencionar que los resultados obtenidos fueron producto de un riguroso análisis que realizamos sobre varias normativas jurídicas y, sobre todo, sobre varias opiniones legales. En torno a las normativas jurídicas analizadas, valga saber que analizamos las siguientes: (1) *Indian Reorganization Act of 1934* (P.L. 73-383); (2) *Indian Civil Rights Act* (1968), 25 U.S.C. Secs. 1301 et seq.

En lo tocante a las opiniones jurídicas de abogados reconocidos, valga saber que analizamos con detenimiento un escrito legal que fue producido por el *Lcdo. Roberto G. Eustaquio*, profesor de la Universidad de Uppsala. ¿Saben por qué? Porque en ese escrito jurídico el letrado claramente explica, en lo pertinente, que las leyes federales de los Estados Unidos de América les reconocen a las tribus que se encuentran dentro de las reservas indias plena autoridad «para gobernarse por sí mismas.»[clxxii]

Ahondando un poco más sobre la autonomía que existe dentro de las reservas indias, es imperativo conocer que esa autonomía «generalmente es igual a la de los estados y en determinados aspectos es mayor. Las tribus indias están protegidas por la doctrina de la inmunidad soberana, que es el máximo privilegio atribuible a un grupo humano por la ley».[clxxiii]

Molinos de Diplomas

Capítulo VI
Conclusiones y recomendaciones

I. Conclusiones

Como sabemos, todo libro exploratorio-descriptivo debe tener una sección o un capítulo en donde se plasmen las conclusiones. También se sabe que las conclusiones en los libros exploratorios-descriptivos «son las contribuciones del autor en la *confirmación* o el *rechazo* de las hipótesis planteadas.»[clxxiv] Dichas conclusiones deben ser expuestas de una manera argumentativa, sencilla y concisa. «Ayuda mucho, pues, que éstas se organicen a manera de párrafos cortos enumerados, ordenados en orden descendente del más al menos importante.»[clxxv]

Habiendo brindado esas explicaciones, pasemos a ver las conclusiones.

Primera conclusión:

Planteada la pregunta de investigación número uno con su respectiva hipótesis, y habiendo analizado cuidadosamente los resultados, podemos concluir que no son legales todos los grados académicos que confieren las instituciones de educación superior que no están acreditadas por entidades reconocidas por el Departamento de Educación de Estados Unidos de América.

En los Estados Unidos de América, es un requisito imprescindible que las instituciones de educación superior operen legalmente dentro de los estados o territorios en donde operen. Si las instituciones de educación no operan legalmente dentro algún territorio, estado o reserva india: (1) los grados académicos que confieran son ilegales; y (2) las personas que intenten utilizar esos grados académicos, ya sea para cuestiones laborales o para asuntos migratorios, tienen altas probabilidades de ser criminalmente acusadas por haber cometido delitos relacionados con los fraudes.

Segunda conclusión:

Planteada la pregunta de investigación número dos con su respectiva hipótesis, y habiendo analizado cuidadosamente los resultados, podemos concluir que el Departamento de Educación de los Estados Unidos de América no controla ni supervisa de manera directa la operación de las instituciones de educación superior que operan dentro del territorio estadounidense. Esas acciones son prerrogativas exclusivas de los territorios, de los estados y de las reservas indias de los Estados Unidos de América.

Los únicos poderes que tiene el Departamento de Educación de los Estados Unidos de América en torno a la educación superior es: (a) reconocer a entidades privadas como agencias de acreditación de instituciones de educación superior; y (b) asignarles fondos federales a las instituciones de educación superior y a los estudiantes a través de las agencias de acreditación.

Tercera conclusión:

Planteada la pregunta de investigación número tres con su respectiva hipótesis, y habiendo analizado cuidadosamente los resultados, podemos concluir que las entidades privadas de acreditación que están reconocidas por el Departamento de Educación de los Estados Unidos de América:

(a) no tienen el poder legal para autorizar la operación de una institución de educación superior en los Estados Unidos de América, puesto que esa acción es una facultad exclusiva de los territorios, de las reservas indias y de los estados de los Estados Unidos de América.

(b) no tienen la facultad legal para ordenar el cierre de una institución de educación superior que opere legalmente dentro de un territorio o estado de los Estados Unidos de América. Puesto que esa acción es una facultad exclusiva de los territorios, de las reservas indias y de los estados de los Estados Unidos de América.

Ahora bien, es imprescindible mencionar que es altamente recomendable que las personas cursen estudios en instituciones de educación superior que estén acreditadas por agencias de acreditación reconocidas por el Departamento de Educación de los Estados Unidos de América.

En particular, porque: (1) tendrán facilidad para que sus créditos universitarios sean aceptados por otras instituciones de educación superior que estén reconocidas por el Departamento de Educación de los Estados Unidos de América; y (2) tendrán mayores oportunidades de obtener empleos en el sector público y en el sector privado.

Cuarta conclusión:

Planteada la pregunta de investigación número cuatro con su respectiva hipótesis, y habiendo analizado cuidadosamente los resultados, podemos concluir que los territorios, las reservas indias y los estados de los Estados Unidos de América tienen, entre otras facultades legales, poderes absolutos sobre asuntos relacionados con la educación superior.

Por consiguiente, los gobiernos de los territorios, de las reservas indias y de los estados de los Estados Unidos de América tienen plena facultad legal para rechazar, para cuestiones de empleo, grados académicos que hayan sido conferidos por instituciones de educación superior que, a pesar de no estar acreditadas, están operando legalmente en otras zonas del territorio estadounidense.

Otra conclusión a la que llegamos luego de analizar los resultados es la siguiente: los patronos privados también tienen el poder legal para rechazar, para propósitos de empleos privados, grados académicos que hayan sido conferidos por instituciones de educación superior que no estén acreditadas por agencias de acreditación reconocidas por el Departamento de Educación de los Estados Unidos de América.

Quinta conclusión:

Planteada la pregunta de investigación número cinco con su respectiva hipótesis, y habiendo analizado cuidadosamente los resultados, podemos concluir que son legales los grados académicos que confieren las instituciones de educación religiosa aunque no estén acreditadas por agencias de acreditación reconocidas por el Gobierno de los Estados Unidos de América.

Otra conclusión a la que llegamos, luego de analizar los resultados, es que es una violación a la doctrina de separación entre la iglesia y el Estado la acción gubernamental de obligar a una institución de educación religiosa a estar acreditada por una agencia de acreditación reconocida por el Departamento de Educación de los Estados Unidos de América.

Además de eso, también tenemos que concluir que la acción de regular y supervisar a las instituciones de educación religiosa de la misma manera en que se regulan y supervisan a las instituciones de educación superior laicas es, por decir lo menos, una violación constitucional.

Por motivo de que los gobiernos estatales, territoriales y locales, para que quede claro, no tienen la facultad legal para determinar si las enseñanzas religiosas que se imparten en dichas instituciones de educación religiosa son adecuadas y/o acordes con los deseos de la academia.

Sexta conclusión:

Planteada la pregunta de investigación número seis con su respectiva hipótesis, y habiendo analizado cuidadosamente los resultados, podemos concluir que son legales los grados académicos que confieren las instituciones de educación superior que operan legalmente dentro de las reservas indias. Y ello es así, aunque dichas instituciones de educación superior no estén acreditadas por agencias de acreditación que estén reconocidas por el poderoso y quebrado Gobierno de los Estados Unidos de América.

También podemos concluir que las reservas indias que se encuentran dentro de los estados estadounidenses tienen autonomía educativa. Es decir, pueden fundar y operar instituciones de educación superior sin la necesidad de obtener licencias de operación por parte de las agencias estatales de los estados en donde se encuentran.

II. Recomendaciones

La primera recomendación que vamos a plasmar, es una que indica que el sistema postsecundario de los Estados Unidos de América debe adoptar muchos aspectos jurídicos y educativos que están presentes en el sistema postsecundario de México. Por razón de que la evidencia demuestra, entre otros asuntos, que el sistema postsecundario mexicano es, incluso con todas las fallas que tiene, uno de los mejores del mundo. Claro está, nos referimos al ámbito organizacional. Nos explicamos.

En ese país latinoamericano todas las instituciones de educación superior, si es que quieren conferir grados académicos de manera legal, deben obtener «su propio **Reconocimiento de Validez Oficial de Estudios (RVOE)**, que otorga la Secretaría de Educación Pública o bien, las autoridades educativas del estado, según donde se encuentre la escuela...».[clxxvi]

Como se puede ver, lo bueno de ese sistema es que le permite a cada uno de los estados mexicanos, a través de sus autoridades educativas, establecer sus propios requisitos para obtener el *RVOE*. Y eso tiene como ventaja, entre otros asuntos: (1) que cada secretaría estatal pueda establecer requisitos según su cultura educativa; y (2) que se respete la idiosincrasia educativa de cada estado mexicano.

¿Y ese asunto de respetar la cultura y la idiosincrasia educativa de cada estado, es una cuestión importante? Claro que sí, por razón de que es altamente probable que lo que sea considerado como educativamente adecuado en el Distrito Federal, por ejemplo, no sea visto de la misma manera por los profesionales que laboran en el sistema educativo del estado de San Luís Potosí.

Otras de las grandes ventajas del sistema postsecundario de México, es que los certificados de *Reconocimiento de Validez Oficial de Estudios* que otorgan los estados mexicanos se consideran iguales ante la ley. Es decir, ningún *RVOE* es superior o mejor que otro. Inclusive, los certificados de *RVOE* que otorga la Secretaría de Educación Pública de México no son, bajo ningún concepto, ni mejores ni superiores a los que otorgan las autoridades educativas de los estados.

Otra de las grandes características del sistema postsecundario mexicano, y que también debe ser copiada por los Estados Unidos de América, es que no ha sucumbido a ese despiadado neoliberalismo que desea que existan entidades privadas de acreditación que se encarguen de regular y controlar, a cambio de fuertes sumas de dinero, la educación universitaria. Por eso es que uno puede ver que la supervisión y la regulación del sistema universitario mexicano se han mantenido en las manos perfectas, a saber, en las manos de las autoridades educativas de los estados mexicanos.

Llegados a este punto de la discusión, tenemos que manifestar que entendemos que el sistema postsecundario de los Estados Unidos de América debe ser modificado, a los fines de que las licencias de operación que les otorguen las autoridades educativas de los estados a las instituciones de educación superior tengan, jurídicamente hablando, plena validez en todo el territorio estadounidense. Es decir, para que exista plena reciprocidad entre los estados estadounidenses en torno al reconocimiento de los grados académicos.

Por otro lado, la otra recomendación que vamos a brindar es la que establece que todos los estados estadounidenses, que son soberanos en asuntos relacionados con la educación superior, deben establecer un pacto como el realizado en la *Declaración de Bolonia*. Nos explicamos.

En el caso de la Unión Europea, cada estado es soberano sobre los asuntos que están relacionados con la educación superior. Eso significa, que en la Unión Europea no hay un ministerio de educación central que, entre otros asuntos, regule uniformemente todo lo que esté relacionado con el sistema universitario.

Dicho eso, es obvio que ha salido a la luz una importantísima pregunta, a saber, ¿qué se ha hecho en Europa para tratar de corregir la deficiencia mencionada? En respuesta a esa interrogante tenemos que decir que, durante el año 1988, los países europeos establecieron un afamado pacto llamado la *Declaración de Bolonia*. En donde establecieron unas guías bien claras y específicas que versan sobre cuestiones de aceptación, convalidación y revalidación de grados académicos.

Precisa señalar que en ese afamado pacto europeo, los jefes de las universidades de la zona mencionada establecieron, en lo pertinente, que los grados académicos que se obtuviesen en instituciones de educación superior legalmente establecidas dentro de los territorios de los países firmantes iban a ser totalmente reconocidos.

Habiendo dicho eso, no está de más mencionar que la *Declaración de Bolonia* ha sido todo un éxito académico. Por razón de que las instituciones de educación superior que se encuentran involucradas en el pacto han logrado, entre otros asuntos, «hacer intercambios de profesores y estudiantes, proyectos colaborativos y sobre todo la homologación de títulos, o sea que el grado académico que obtiene un estudiante graduado de una universidad española es reconocido en Francia, Italia y los demás miembros de la UE.»[clxxvii]

Por otro lado, la otra recomendación que vamos a realizar guarda estrecha relación con los tribunales. Nosotros entendemos que la *Corte Suprema de los Estados Unidos de América* debe pronunciarse en torno a la acreditación de las instituciones de educación superior que operan legalmente en los estados de los Estados Unidos de América.

Y en dicho pronunciamiento la *Corte Suprema* debe indicar, entre otros asuntos, que las instituciones de educación superior que operen legalmente en los estados de los Estados Unidos de América no necesitan, bajo ningún concepto, estar acreditadas por compañías privadas de acreditación que estén reconocidas por el Departamento de Educación de los Estados Unidos de América.

Al hacer lo anterior, los jueces de dicho tribunal: (1) crearían un sistema de educación superior uniforme, y sobre todo jurídicamente validado, para todo el territorio estadounidense; y (2) le otorgarían un peso monumental al Estado de derecho vigente en los Estados Unidos de América en torno al licenciamiento de las instituciones de educación superior.

Nótese que a través del libro hemos mencionado, en varias ocasiones, que el derecho estadounidense siempre ha dejado bien claro que son las reservas indias, los territorios y los estados estadounidenses los que controlan la educación superior. Nótese, además, que la *Constitución de los Estados Unidos de América* establece que todos los territorios y los estados estadounidenses tienen la obligación de darle entera fe y crédito a los documentos legales que se emitan en otros territorios y estados estadounidenses.

Sin embargo, hemos visto que algunos territorios y estados estadounidenses no cumplen con el ordenamiento jurídico relacionado con el licenciamiento de las instituciones de educación superior, al punto de que se han dejado seducir por ese enfermizo neoliberalismo que desea, entre otros oscuros deseos, que la educación universitaria esté controlada por unas entidades privadas de acreditación que, dicho sea de paso, facturan bien caro.

En fin, por eso es que siempre hemos creído que una decisión de la *Corte Suprema de los Estados Unidos de América*, en donde se deje más que claro cuál es el poder de las reservas indias, de los territorios y de los estados estadounidenses en torno a la educación universitaria, dejaría esta cuestión resuelta de una vez y por todas.

Por otro lado, también entendemos que los juristas estadounidenses deben hacer todo lo posible para que los tribunales federales atiendan muchos casos en donde se alegue, en lo pertinente, que se han cometido actos discriminatorios en contra de personas que poseen grados académicos de instituciones de educación superior que, a pesar de operar legalmente, no están acreditadas. Eso crearía unas grandes batallas legales que, luego de varios años, podrían llegar hasta las puertas de la *Corte Suprema de los Estados Unidos de América*.

Otra recomendación que vamos a plasmar, es la que establece que el sistema universitario de los Estados Unidos de América debe volver a estar exclusivamente controlado por los gobiernos estatales y territoriales. Por razón de que las agencias de acreditación que están gubernamentalmente reconocidas, que tienden a cobrar enormes cantidades de dinero por analizar el funcionamiento de las instituciones de educación superior, no deben tener el poder para decidir a qué instituciones de educación superior se les otorgará dinero público.

Es indudable que eso ha ocasionado, penosamente: (1) una confirmación gubernamental de que se ama el neoliberalismo; y (2) un abusivo encarecimiento de los costos universitarios. Y sobre este último punto, no está de más recordar que las instituciones de educación superior: (a) tienen que pagar los altos costos de los procesos de acreditación; y (b) tienen que pagar, en el caso de que sean acreditadas por las agencias de acreditación, unas exorbitantes cuotas anuales para mantener las acreditaciones.

Es indudable que todas las loqueras mencionadas han ocasionado que las instituciones de educación superior, por no tener más alternativas, les pasen las facturas de los altos costos de las acreditaciones a los estudiantes. Por eso es que: (1) la educación postsecundaria en los Estados Unidos de América es costosísima; (2) el ochenta y cinco por ciento de los estudiantes que estudian en las universidades acreditadas de los Estados Unidos de América, terminan con unas grandes deudas económicas —debido a los préstamos estudiantiles— que, en muchas ocasiones, no pueden pagar.[clxxviii]

Referencias

[i]**Víctor, el niño salvaje de Aveyron**. (s.f). *Network-Press*. Información consultada el 30 de junio de 2009, de http://www.network-press.org/?victor_el_nino_salvaje_de_aveyron. Por otro lado, para ver otro caso similar al que hemos plasmado vean la siguiente referencia: Reinoso, J. (2007, 17 de febrero). **La inocencia salvaje**. Guaynabo, Puerto Rico.: *El Nuevo Día*. Recuperado el 30 de julio de 2009, de http://www.adendi.com/.

[ii]**Immanuel Kant**. (2006). *Mundo Citas*. Recuperado el 18 de agosto de 2006, de http://www.mundocitas.com/.

[iii]Sobre este particular, véanse las expresiones del Dr. Sigmund Freud, en: Nogueras, C. (2004, 20 de abril). **El terror de la violencia que nos habita**. Guaynabo, Puerto Rico.: *El Nuevo Día*. Recuperado el 20 de abril de 2004, de http://www.endi.com/.

[iv]**Pitágoras**. (2006). *Frases de Hoy*. Recuperado el 22 de septiembre de 2006, de http://www.frasedehoy.com/.

[v]Exposición de Motivos de la **Ley de Puerto Rico Número 184** del 1 de septiembre de 2006.

[vi]**Ganan más trabajadores educados**. (2007, 4 de mayo). Guaynabo, Puerto Rico.: *El Nuevo Día*. Recuperado el 30 de mayo de 2007, de http://www.adendi.com/; University of California. (2009). **Borrowing Money**. Irvine, CA. Información consultada el 31 de octubre de 2009, de https://www.fs.uci.edu/loans/borrow.HTM.

[vii]**Ganan más trabajadores educados**. (2007, 4 de mayo). Guaynabo, Puerto Rico.: *El Nuevo Día*. Recuperado el 30 de mayo de 2007, de http://www.adendi.com/.

[viii]University of California. (2009). **Borrowing Money**. Irvine, CA. Información consultada el 31 de octubre de 2009, de https://www.fs.uci.edu/loans/borrow.HTM.

[ix]Oregon Office of Degree Authorization. (2009). **Unaccredited colleges**. Oregón, EEUU. Información consultada el 16 de julio de 2009, de http://www.osac.state.or.us/.

[x]Marco Polo International University. (2009). **Frequently Asked Questions**. Panamá City, República de Panamá. Información consultada el 31 de octubre de 2009, de http://www.marcopolo-u-edu.org/about-MPIU/frequently-asked-questions.php.

[xi]Martínez, N. (2007, 20 de julio). **La SEP alerta por fraude en estudios a través de Internet**. México City, México.: *El Universal*. Recuperado el 20 de diciembre de 2008, de http://www.eluniversal.com.mx/noticias.html.

[xii]International Theological University. (1998). **Legal Degree Granting Authority**. Pasadena, CA. Información consultada el 1 de julio de 2009, de http://www.education-1.net/.

[xiii]**Alertan sobre universidades patito**. (2006, 25 de septiembre). México City, México.: *El Universal*. Recuperado el 20 de diciembre de 2008, de http://www.eluniversal.com.mx/noticias.html.

[xiv]Burgos, W. & Villeneuve, M. (1992). **Guía práctica para la redacción de propuestas y documentos de tesis (Maestría y Doctorado)**. Hato Rey, Puerto Rico.: *Ediciones Puertorriqueñas*, pág.27.

[xv]Tesis y Monografías. (2009). **Investigación Descriptiva**. Caracas, Venezuela. Información consultada el 30 de diciembre de 2009, de http://www.mistareas.com.ve/tipo-de-investigacion/investigacion-descriptiva.htm.

[xvi]City University London. (2008). **MSc Equine Science**. Londres, Reino Unido. Consultado el 27 de mayo de 2009, de http://www.aber.ac.uk/en/media/10831-MSc%20Equine%20Guide-web.pdf; Oxbridge Graduates. (2009). **Top 10 Dissertation Writing Mistakes**. Hertfordshire, Reino Unido. Información consultada el 23 de julio de 2009, de http://www.oxbridgegraduates.com/; Burnard, P. (1996). **Writing for health professionals: a manual for writers**. Londres, Reino Unido.: *Editorial Chapman & Hall*, pág. 119; Aveyard, H. (2007). **Doing a Literature Review in Health and Social Care**. New York, NY.: *McGraw-Hill*.

[xvii]Staffordshire University. (2009). **Research Degrees**. Staffordshire, Reino Unido. Información consultada el 1 de julio de 2009, de http://www.staffs.ac.uk/.

[xviii]Véanse las palabras de Sir Isaac Newton, según citadas en: Señor, L. (2000). **Diccionario de Citas**. (2a.ed.). Madrid, España.: *Espasa-Calpe*, pág.97.

[xix]Escuela de Ciencias Humanas. (s.f.). **Cómo...formular hipótesis de trabajo**. Bogotá, Colombia.: *Universidad del Rosario*. Información consultada el 25 de diciembre de 2007, de http://www.urosario.edu.co/FASE1/ciencias_humanas/documentos/facultades/pdf/50 b.pdf.

[xx]Best, J. W. (1992). **Cómo investigar en educación**. Madrid, España.: *Ediciones Morata*, pág. 88.

[xxi]Sosa-Cabrera, S. (2006). **La génesis y el desarrollo del cambio estratégico: un enfoque dinámico basado en el momentum organizativo**. Facultad de Derecho de la Universidad de Málaga, España.: *Enciclopedia y Biblioteca Virtual de las Ciencias Sociales, Económicas y Jurídicas*. Información consultada el 31 de diciembre de 2008, de http://www.eumed.net/.

[xxii]Burgos, W. & Villeneuve, M. (1992). **Guía práctica para la redacción de propuestas y documentos de tesis (Maestría y Doctorado)**. Hato Rey, Puerto Rico.: *Ediciones Puertorriqueñas*, pág.31.

[xxiii]City University Los Angeles. (2003). **Accreditation**. Los Ángeles, California. Información consultada el 31 de octubre de 2009, de http://www.cula.edu/.

[xxiv]**Escuelas religiosas**. (2009). Enciclopedia Microsoft Encarta Online 2009. *Microsoft Corporation*.: Redmond, WA. [Versión "online" en español].

[xxv]Mendoza, P. (2000). **Los Grados Académicos: Surgimiento y Evolución**. Lima, Perú.: *Universidad Nacional Mayor de San Marcos, Departamento de Medicina Preventiva y Salud Pública*. Información consultada el 30 de diciembre de 2005, de http://sisbib.unmsm.edu.pe/BVRevistas/anales/v61_n4/Los_Grad_Acad.htm.

[xxvi]**Reglamento para el Otorgamiento de Licencia a Instituciones de Educación Superior en Puerto Rico**. (2002, reglamento 6543). *Estado Libre Asociado de Puerto Rico*. Información consultada el 1 de julio de 2009, de http://www.microjuris.com/.

[xxvii]New Mexico Higher Education Department. (2009). **Licensing and Accreditation**. Nuevo México, EEUU. Información consultada el 31 de octubre de 2009, de http://hed.state.nm.us/.

[xxviii]Ecole Supérieure Universitaire Robert de Sorbon. (2009). **Avoid "Diploma Mill"**. Francia, Unión Europea. Información consultada el 31 de octubre de 2009, de http://www.sorbon.fr/mill.html; Bear, J. (1982). **How to get the degree you want**. New York, NY.: *Ten Speed Press*, pág. 209 y ss; American Association of Collegiate Registrars and Admissions Officers. (2003). **College and university**. Washington, D.C., pág. 143.

xxixCentro de Estudios Superiores del Valle de Iguala. (2009). **La importancia del Reconocimiento de Validez Oficial de Estudios (RVOE).** Iguala, México.: Información consultada el 25 de diciembre de 2009, de http://www.cesviuniversidad.edu.mx/; Cárabes-Pedroza, J. (1999). **Fundamentos político-jurídicos de la educación en México.** Distrito Federal, México.: *Editorial Progreso*, pág. 95; Barrón-Tirado, C. (2003). **Universidades privadas: formación en educación.** Madrid, España.: *Editorial Plaza y Valdes*, pág. 160.

xxxReservas indias. (2009). Enciclopedia Microsoft Encarta Online 2009. *Microsoft Corporation.*: Redmond, WA. [Versión "online" en español].

xxxiEustaquio, R. G. (2003). **El derecho indígena.** Universidad de Uppsala, Centro de Documentación Mapuche.: *Río Negro Online.* Información consultada el 30 de junio de 2009, de http://www.mapuche.info/indgen/rionegro031202a.html.

xxxiiUniversidades. (2009). Enciclopedia Microsoft Encarta Online 2009. *Microsoft Corporation.*: Redmond, WA. [Versión "online" en español].

xxxiiiAlertan sobre universidades patito. (2006, 25 de septiembre). México City, México.: *El Universal.* Recuperado el 20 de diciembre de 2008, de http://www.eluniversal.com.mx/.

xxxivDuran-Montero, F. (s.f.). **Revisión de la literatura y formulación del marco teórico.** Montevideo, Uruguay.: *Monografías.* Recuperado el 12 de noviembre de 2009, de http://www.monografias.com/.

xxxvDiccionario de la Lengua Española de la Real Academia Española. (2007). **Diploma.** Madrid, España.: *Espasa-Calpe.* Versión electrónica, consultada el 1 de mayo de 2007, de http://www.rae.es/.

xxxviDiccionario de la Lengua Española de la Real Academia Española. (2007). **Universidad.** Madrid, España.: *Espasa-Calpe.* Versión electrónica consultada el 1 de mayo de 2007, de http://www.rae.es/.

xxxviiBircham International University. (2009). **Reconocimientos.** Madrid, España. Información consultada el 21 de julio de 2009, de http://www.bircham.info/.

xxxviiiBircham International University. (2009). **Reconocimientos.** Madrid, España. Información consultada el 21 de julio de 2009, de http://www.bircham.info/. Léase, además: Committee on Labor and Public Welfare. (1974). **Hearings, reports and prints of the Senate Committee on Labor and Public Welfare.** Washington, D.C.: *United States Congress*, pág. 146.

xxxixPreston University. (2007). **Accreditation Status.** Alabama, EEUU. Consultado el 18 de marzo de 2007, de http://preston.edu/accreditation.html; Preston University. (2009). **Legal & Accreditation Status.** Los Ángeles, CA. Información consultada el 16 de julio de 2009, de http://www.preston.edu/legal.php; Office of Consumer Protection. (2007). **The Regulation of Post-Secondary Degree Granting Institutions in the State of Hawaii.** *Gobierno de Hawái.* Recuperado el 17 de septiembre de 2007, de http://www.hawaii.gov/dcca/areas/ocp/udgi/regulation; Honolulu University. (2009). **Accreditation.** Honolulu, Hawái. Información consultada el 1 de julio de 2009, de http://www.honolulu-university.edu/accred.htm.

xlEsto ha sido una traducción nuestra. Las palabras originales son las siguientes: «*In the United States, the regulation of post-secondary degree granting institutions is done on a state-by-state basis.*» Véase más al respecto en: Office of Consumer Protection. (2007). **The Regulation of Post-Secondary Degree Granting Institutions in the State of Hawaii.** *Gobierno de Hawái.* Información consultada el 18 de septiembre de 2007, de http://www.hawaii.gov/.

xli(Subrayado nuestro). US Department of Education. (2005). **Accreditation in the United States**. Washington, DC. Recuperado el 26 de septiembre de 2005, de http://www.ed.gov/admins/finaid/accred/accreditation_pg2.html#U.S.

xliiPreston University. (2007). **Accreditation Status**. Alabama, EEUU. Consultado el 18 de marzo de 2007, de http://preston.edu/accreditation.html.

xliiiHonolulu University. (2009). **Accreditation**. Honolulu, Hawái. Información consultada el 1 de julio de 2009, de http://www.honolulu-university.edu/accred.htm.

xlivEsto ha sido una traducción nuestra. Las palabras originales son las siguientes: «*In the United States of America, State governments have full authority to control academic institutions and to authorize schools to issue academic degrees and certificates.*» Véase más al respecto en: City University Consortia. (2006). **Accreditation**. California, EEUU.: Información consultada el 1 de julio de 2009, de http://www.cityu.us/Accreditation.htm.

xlvAmerican City University. (2009). **License and Recognition**. Fresno, California. Información consultada el 30 de diciembre de 2009, de http://acuni.us/the university/license-and-recognition/.

xlviCovenant Bible College & Theological Seminary. (2009). **Accreditation**. New Albany, IN. Información consultada el 30 de septiembre de 2009, de http://www.cbcts.us/accreditation.htm.

xlviiUniversity of Boston. (2007). **Accreditation**. Mobile, Alabama. Información consultada el 11 de septiembre de 2009, de http://uniboston.us/home/accreditation.html.

xlviiiEsto ha sido una traducción nuestra. Las palabras originales son las siguientes: «*The authority to operate an educational entity in the U.S. is granted by each of the states individually.*» Véase más al respecto en: Cambridge Theological Seminary International. (2009). **Some Notes On Accreditation**. Byesville, OH. Información consultada el 28 de septiembre de 2009, de http://www.ministers-best-friend.com/.

xlixEsto ha sido una traducción nuestra. Las palabras originales son las siguientes: «*Regulation and approval, if any, of degree-granting institutions is a state prerogative.*» Véase más al respecto en: Regus University and The American Colleges. (2009). **About us**. Los Ángeles, California. Información consultada el 12 de noviembre de 2009, de http://www.jurisdiplomate.org/2.html.

lEuropean Institute of Technology. (2009). **Informazioni sulla preparazione per una laurea o un Master americani, autentici**. Italia, Unión Europea. Información consultada el 30 de junio de 2009, de http://www.eit-univ.net/index.php?body=conseguire_laurea.php&title=Conseguire%20una%20laurea.

liNational Private Schools Accreditation Alliance. (2009). **National Private School Accreditation Program**. Orlando, Florida. Información consultada el 30 de junio de 2009, de http://www.npsag.com/accreditation.htm#4.

liiInternational Certification Council. (2009). **US Accreditation**. Wilmington, DE. Información consultada el 1 de octubre de 2009, de http://ic-council.org/?page_id=19.

liiiUnited Nations Educational, Scientific and Cultural Organization. (2009). **United States of America education system**. Paris, Francia.: *The International Association of Universities (IAU)*. Información consultada el 23 de abril de 2009, de http://www.unesco.org/iau/onlinedatabases/systems_data/us.rtf.

livVelazquez, M. A. & Velazquez, J. (2004). **Curso Sobre Derecho Constitucional**. Guaynabo, Puerto Rico.: *Bufete Velázquez*, pp. 17-18.

Ismael Leandry Vega   **157**

[lv]Unión Americana de Libertades Civiles. (2009). **La Declaración de los Derechos Civiles**. Florida, EEUU. Recuperado el 30 de diciembre de 2009, de http://www.aclufl.org/spanish/derechosCiviles/index.cfm.

[lvi]Cambridge Theological Seminary International. (2009). **Some Notes On Accreditation**. Byesville, OH. Información consultada el 28 de septiembre de 2009, de http://www.ministers-best-friend.com/.

[lvii]Kumar, K. (2009, 9 de julio). **Using fake degrees now a misdemeanor in Missouri**. St. Louis, MO.: *St. Louis Post-Dispatch*. Información consultada el 18 de agosto de 2009, de http://www.stltoday.com/blogzone/the-grade/higher-education/2009/07/using-fake-degrees-now-a-misdemeanor-in-missouri/.

[lviii]Office of the Revisor of Statutes. (2009). **Maine Revised Statutes: Title 20-A, Chapter 410: 20-A §10802; unlawful to issue, manufacture, or use false academic degrees; penalty**. Maine, EEUU. Información consultada el 30 de junio de 2009, de http://www.mainelegislature.org/legis/statutes/20-A/title20-Asec10802.html.

[lix]Nevada Legislature. (2009). **Chapter 394 - Private educational institution and establishments**. Nevada, EEUU. Información consultada el 30 de junio de 2009, de http://www.leg.state.nv.us/NRS/NRS-394.html#NRS394Sec620.

[lx]Commission on Higher Education. (2009). **State of New Jersey Commission on Higher Education Statutes & Regulations Regarding Academic Degrees**. Nueva Jersey, EEUU. Información consultada el 30 de junio de 2009, de http://www.state.nj.us/highereducation/degreelaws.htm.

[lxi]Rodriguez, I. (2005, 11 de noviembre). **Miami-Dade man gets 2 years in prison for setting up phony diploma mill**. Florida, EEUU.: *Sun-Sentinel*. Información consultada el 30 de diciembre de 2007, de http://www.sun-sentinel.com/.

[lxii]**Diploma-Mill Operator Is Sentenced to 3 Years in Prison**. (2008, 2 de julio).Washington, D.C.: *The Chronicle of Higher Education*. Información consultada el 30 de junio de 2009, de http://chronicle.com/article/Diploma-Mill-Operator-Is/41261/.

[lxiii]*Román v. Trib. Exam. de Médicos*, 116 D.P.R. 71 (1985); *Ortiz Cruz v. Junta*, 101 D.P.R. 791 (1973); *Asociación de Doctores v. Dra. Morales*, 93 JTS 12; *Fac. C. Soc. Aplicadas Inc v. CES*, 133 DPR 521 (1993).

[lxiv]*Bauzá v. Morales Carrión*, 578 Fed. 2nd. 447 (1978), *Rivera v. Benítez Rector*, 73 D.P.R. 377 (1952). *Fac. C. Soc. Aplicadas Inc v. CES*, 133 DPR 521 (1993).

[lxv]Castro, H. (2008). **State Patrol completes inquiry into bogus diplomas**. Seattle, WA.: *Seattle Post*. Información consultada el 1 de agosto de 2009, de http://www.seattlepi.com/local/391324_troopers10.html?source=rss.

[lxvi]Seifman, D. (2007). **Fake-college bravest fine**. Washington, EEUU.: *Washington Post*. Consultado el 25 de diciembre de 2008, de www.washingtonpost.com.

[lxvii]Washington State Department of Health. (2009, 28 de mayo). **Diploma mill: phony degrees lead to charges for three health care providers**. Olympia, Washington. Información consultada el 30 de julio de 2009, de http://www.doh.wa.gov/Publicat/2009_news/09-094.htm.

[lxviii]Mehaffey, K. C. (2009, 12 de abril). **Ex-deputy used fake diploma, sheriff claims**. Wenatchee, WA.: *Wenatchee World, World Publishing Co.* Información consultada el 30 de junio de 2009, de http://wenatcheeworld.com/.

lxixBuckley, C. (2007, 13 de octubre). **6 City Job Seekers Are Held in Sweep of Fake Degrees**. *The New York Times*. New York, NY. Recuperado el 13 de octubre de 2007, de http://www.nytimes.com/.

lxxBartlett, T. (2004). **Tulane Fires Instructor With Diploma-Mill Doctorate**. Washington, D.C.: *The Chronicle of Higher Education*. Información consultada el 30 de junio de 2009, de http://chronicle.com/.

lxxiSuggs, W. (2004, 30 de julio). **U. of Louisiana at Lafayette Fires Coach Over Diploma-Mill Degrees**. (2009). Washington, D.C.: *The Chronicle of Higher Education*. Información consultada el 30 de junio de 2009, de http://chronicle.com/.

lxxii**U.N. Fired Staff Members with Academic Degrees from Diploma Mill**. (2007, 12 de febrero). Nueva York, EEUU.: *FOX News Network*. Información consultada el 29 de diciembre de 2008, de http://www.foxnews.com/.

lxxiiiCox, P. (2008, 10 de diciembre). **Freehold cuts pay in two more diploma-mill cases**. Nueva Jersey.: *New Jersey On-Line*. Información consultada el 30 de junio de 2009, de http://www.nj.com/news/index.ssf/2008/12/freehold_cuts_pay_in_two_more.html.

lxxiv**Corrections officer is indicted for false report**. (2008). Nueva Jersey, EEUU.: *New Jersey On-Line LLC*. Información consultada el 28 de diciembre de 2008, de http://www.nj.com/.

lxxvLevinson, D & Weil, D. (2005). **Community colleges**. Oxford, U.K.: *Editorial ABC-CLIO*, pág.15; Harcleroad, F. (1976). **Educational auditing and accountability**. Washington, D.C.: *Council on Postsecondary Accreditation*, pág.9.

lxxviAtlantic International University. (2007). **Acreditación**. Honolulu, HI. Recuperado el 18 de agosto de 2007, de http://www.aiu.edu/spanish/; Honolulu University. (2009). **Accreditation**. Honolulu, Hawái. Información consultada el 11 de septiembre de 2009, de http://www.honolulu-university.edu/accred.htm.

lxxviiAtlantic International University. (2007). **Acreditación**. Honolulu, HI. Recuperado el 18 de agosto de 2007, de http://www.aiu.edu/spanish/.

lxxviii*L.P.R.A.* significa **Leyes de Puerto Rico Anotadas**.

lxxixOregon Office of Degree Authorization. (2009). **Unaccredited colleges**. Oregón, EEUU. Información consultada el 1 de julio de 2009, de http://www.osac.state.or.us/oda/unaccredited.aspx.

lxxxOregon Office of Degree Authorization. (2009). **Unaccredited colleges**. Oregón, EEUU. Información consultada el 1 de julio de 2009, de http://www.osac.state.or.us/oda/unaccredited.aspx; Oregon Office of Degree Authorization. (2009). **Frequently Asked Questions**. Oregón, EEUU. Información consultada el 1 de julio de 2009, de http://www.osac.state.or.us/oda/faq.html.

lxxxiThe State of Vermont Legislature. (2004). **Chapter 81: Naturopathic Physicians**. Vermont, EEUU. Información consultada el 18 de agosto de 2009, de http://www.leg.state.vt.us/statutes/fullchapter.cfm?Title=26&Chapter=081; Baer, H. A. (2004).**Toward an integrative medicine: merging alternative therapies with biomedicine**. Lanham, MD.: *Editorial Rowman Altamira*, pág. 42.

lxxxiiUtah State Legislature. (2009). **Title 58 Occupations and Professions; Chapter 71 Naturopathic Physician Practice Act; Section 302 Qualifications for licensure**. Utah, EEUU. Información consultada el 18 de agosto de 2009, de http://www.le.utah.gov/UtahCode/getCodeSection?code=58-71-302.

lxxxiii**Torres Acosta v. Junta Examinadora**, 2004 DTS 065.

lxxxiv*San Miguel Lorenzana v. E.L.A.*, 134 D.P.R. 405, 413 (1993); *Col. Ing. Agrim. P.R. v. A.A.A.*, 131 D.P.R. 735, 763 (1992); Honolulu University. (2009). **Accreditation**. Honolulu, Hawai. Información consultada el 1 de julio de 2009, de http://www.honolulu-university.edu/accred.htm; Atlantic International University. (2009). **Acreditación**. Hawai, EEUU. Información consultada el 1 de julio de 2009, de http://www.aiu.edu/spanish/Accreditation.html.

lxxxvOregon Office of Degree Authorization. (2009). **Frequently Asked Questions**. Oregón, EEUU. Información consultada el 1 de julio de 2009, de http://www.osac.state.or.us/oda/faq.html; Oregon Office of Degree Authorization. (2009). **Diploma Mills**. Oregón, EEUU. Información consultada el 1 de julio de 2009, de http://www.osac.state.or.us/oda/diploma_mill.html.

lxxxvi**County judge's degree upheld in federal court**. (2008, diciembre). Texas, EEUU.: *Hcnonline*. Información consultada el 31 de diciembre de 2008, de http://www.hcnonline.com/articles/2008/12/23/fort_bend_sun/news/sws_fb_court_u pholds_diploma.txt.

lxxxviiMaryland Higher Education Commission. (2009). **Religious Degree-Granting Institutions**. Annapolis, MD. Información consultada el 10 de julio de 2009, de http://www.mhec.state.md.us/highered/AcadAff/AcadProgInstitApprovals/ReligiousIns titutions.asp; **Reglamento para el Otorgamiento de Licencia a Instituciones de Educación Superior en Puerto Rico**. (2002, reglamento 6543). *Estado Libre Asociado de Puerto Rico*. Información consultada el 1 de julio de 2009, de http://www.microjuris.com/mjpr/PuertoRico.cfm.

lxxxviiiRichardson, P. (2009). **An explanation about accreditation**. Carolina del Sur, EEUU.: *Institute for Christian Works*. Información consultada el 28 de septiembre de 2009, de http://www.icwseminary.org/explanation.htm.

lxxxixNorthwestern Theological Seminary. (2009). **Seminary Accreditation**. Florida, EEUU. Información consultada el 28 de septiembre de 2009, de http://www.northwesternseminary.com/accreditation.htm.

xcInternational Theological University. (2009). **Frequently Asked Questions**. Pasadena, CA. Información consultada el 10 de julio de 2009, de http://www.education-1.net/frequentlyaskedquestions.htm; Maryland Higher Education Commission. (2009). **Religious Degree-Granting Institutions**. Annapolis, MD. Información consultada el 10 de julio de 2009, de http://www.mhec.state.md.us/.

xci**California Business and Professions Code Section** 94739 (6); International Theological University. (2009). **Frequently Asked Questions**. Pasadena, CA. Información consultada el 1 de julio de 2009, de http://www.education-1.net/frequentlyaskedquestions.htm.

xciiLeandry-Vega, I. (2008). **La maldad y la imbecilidad de tu Dios y de tu religión**. Morrisville, North Carolina.: *Lulu Press*, pp.161-169.

xciii**Constitución de los Estados Unidos de América**. (2004). Bayamón, Puerto Rico.: *LexJuris*. Información consultada el 1 de julio de 2009, de http://www.lexjuris.com/lexuscon.htm.

xcivInternational College of Metaphysical Theology. (2009). **Licenses & Credentials**. Washington, EEUU. Información consultada el 1 de julio de 2009, de http://www.metaphysicscollege.com/.

xcvLópez-Nieves, L. (2008, 19 de enero). **La iglesia y el estado**. *El Nuevo Día*. Guaynabo, Puerto Rico. [Versión electrónica].

xcviShannon, K. (2008, 31 de agosto). **Court: Texas law intrudes on religious freedom**. *Houston, Texas.: Houston Chronicle*. Recuperado el 31 de agosto de 2009, de http://www.chron.com/; Parro, L. (2007, 19 de octubre). **Free from State Oversight: Texas Supreme Court says state has no business regulating Christian schools**. Illinois, EEUU.: *Christianity Today Magazine*. Información consultada el 1 de julio de 2009, de http://www.christianitytoday.com/ct/2007/november/8.19.html.

xcviiEvangelical Theological Seminary. (2009). **Educational Recognition History**. Orlando, FL. Información consultada el 1 de julio de 2009, de http://www.evangelicaltheologicalseminary.edu/v2/AboutUs.htm.

xcviiiGalois Christian University. (2007). **Accreditation and Affiliations**. Virginia, EEUU. Información consultada el 1 de julio de 2009, de http://tuitionfreebiblecollege.com/acreditation.aspx.

xcixMaryland Higher Education Commission. (2009). **Religious Degree-Granting Institutions**. Annapolis, MD. Información consultada el 1 de julio de 2009, de http://www.mhec.state.md.us/highered/AcadAff/AcadProgInstitApprovals/ReligiousIns titutions.asp.

cNorthwestern Theological Seminary. (2009). **Seminary Accreditation**. Florida, EEUU. Información consultada el 28 de diciembre de 2009, de http://www.northwesternseminary.com/accreditation.htm.

ci**Ley del Consejo de Educación Superior de Puerto Rico**; Ley Núm. 17 del 16 de junio de 1993, según enmendada.

ciiWashington Higher Education Coordinating Board. (2009). **Washington Degree-granting Colleges and Universities: Religious Exempt Colleges and Seminaries**. Washington, EEUU. Información consultada el 1 de julio de 2009, de http://www.hecb.wa.gov/autheval/daa/listofcolleges.asp#re; International College of Metaphysical Theology. (2009). **Licenses & Credentials**. Washington, EEUU. Información consultada el 1 de julio de 2009, de http://www.metaphysicscollege.com/.

ciiiEustaquio, R. G. (2003). **El derecho indígena**. Universidad de Uppsala, Centro de Documentación Mapuche.: *Río Negro Online*. Información consultada el 30 de junio de 2009, de http://www.mapuche.info/indgen/rionegro031202a.html.

civ**Reservas indias**. (2009). Enciclopedia Microsoft Encarta Online 2009. *Microsoft Corporation.*: Redmond, WA. [Versión "online" en español].

cvEustaquio, R. G. (2003). **El derecho indígena**. Universidad de Uppsala, Centro de Documentación Mapuche.: *Río Negro Online*. Información consultada el 30 de junio de 2009, de http://www.mapuche.info/indgen/rionegro031202a.html.

cviInternational Theological University. (2009). **Additional Federal Law with regard to Native American Schools/Education**. Pasadena, CA. Información consultada el 1 de julio de 2009, de http://www.education-1.net/frequentlyaskedquestions.htm.

cviiEustaquio, R. G. (2003). **El derecho indígena**. Universidad de Uppsala, Centro de Documentación Mapuche.: *Río Negro Online*. Información consultada el 30 de junio de 2009, de http://www.mapuche.info/indgen/rionegro031202a.html.

cviiiDistance Education and Training Council. (2009). **Benefits of Accreditation**. Washington, DC. Información consultada el 13 de agosto de 2009, de http://www.detc.org/theaccrediting.html#ben.

cix**Reglamento para el Otorgamiento de Licencia a Instituciones de Educación Superior en Puerto Rico**. (2008, reglamento 7605). *Estado Libre Asociado de Puerto Rico*.

Información consultada el 1 de julio de 2009, de http://www.microjuris.com/mjpr/PuertoRico.cfm.

[cx]Commission on Colleges of the Southern Association of Colleges and Schools. (2009). **Accrediting Standards.** Decatur, GA. Información consultada el 30 de junio de 2009, de http://www.sacscoc.org/principles.asp; Middle States Commission on Higher Education. (2009). **Policies, Guidelines & Procedures.** Philadelphia, PA. Información consultada el 30 de junio de 2009, de http://www.msche.org/?Nav1=POLICIES&Nav2=INDEX.

[cxi]Middle States Commission on Higher Education. (2009). **Mission, Vision & Core Values.** Philadelphia, PA. Información consultada el 30 de junio de 2009, de http://www.msche.org/?Nav1=ABOUT&Nav2=MISSION.

[cxii]U.S. Department of Education. (2009). **Overview of Accreditation.** Washington, DC. Recuperado el 13 de marzo de 2009, de http://www.ed.gov/admins/finaid/accred/index.html.

[cxiii]Adizes Graduate School. (2008). **Recognition, Approval, and Accreditation.** California, EEUU. Información consultada el 23 de junio de 2009, de http://www.adizesgraduateschool.org/accreditation.html; véase, además: Keith-Spiegel, P. & Wiederman, M. W. (2000). **The complete guide to graduate school admission.** Philadelphia, PA.: *Editorial Lawrence Erlbaum,* pág. 46.

[cxiv](Traducción nuestra). Western Association of Schools and Colleges. (2009). **Types of Accreditation.** California, EEUU. Información consultada el 30 de junio de 2009, de http://www.wascsenior.org/about/regionalaccreditation.

[cxv]Distance Education and Training Council. (2007). **DETC Accrediting Commission: Process of Accreditation.** Washington, DC. Consultado el 1 de abril de 2007, de http://www.detc.org/theaccrediting.html#pro. Léase, además: Moore, M.G. (2007). **Handbook of distance education.** Kentucky, USA.: *Editorial Routledge,* pág. 404.

[cxvi]Camford University. (2007). **Accreditation and Legal Status.** Montgomery, Alabama. Información consultada el 30 de diciembre de 2008, de http://www.camforduniversity.com/acc.html.

[cxvii](Traducción nuestra). American University for Humanities. (2009). **Accreditation.** Tbilisi, Georgia. Información consultada el 27 de junio de 2009, de http://www.auhtc.edu/Accreditation.htm.

[cxviii]**Reglamento para el Otorgamiento de Licencia a Instituciones de Educación Superior en Puerto Rico.** (2008, reglamento 7605). *Estado Libre Asociado de Puerto Rico.* Información consultada el 16 de julio de 2009, de http://www.microjuris.com/mjpr/PuertoRico.cfm.

[cxix]Las palabras del Departamento de Educación de los Estados Unidos son las siguientes: «*Accreditation in the United States is a voluntary, non-governmental process...*». Véase más al respecto en: U.S. Department of Education. (2007). **Diploma Mills and Accreditation - Accreditation.** Washington, DC. Información recuperada el 13 de marzo de 2007, de http://www.ed.gov/.

[cxx]U.S. Department of Education. (2005). **National Recognition of Accrediting Agencies by the U.S. Secretary of Education: Accreditation in the United States.** Washington, DC. Información recuperada el 6 de septiembre de 2005, de http://www.ed.gov/admins/finaid/accred/accreditation_pg3.html. Léase, además: United States Bureau of Higher Education. (1970). **Accredited postsecondary institutions and programs.** *U.S. Office of Education, Bureau of Higher Education,* pág.x; Pryzwansky, W.B. &

Wendt, R.N. (1987). **Psychology as a profession: foundations of practice**. Oxford, Reino Unido.: *Pergamon Press*, pp.31-32.

cxxi**Wyoming Supreme Court upholds Wyo. accreditation law**. (2008, 25 de junio). *Local News 8*. Recuperado el 30 de junio de 2009, de http://www.localnews8.com/Global/story.asp?S=8555613&nav=menu554_2.

cxxiiJampolsky, G. G. & Prather, H. (2004). **Love is letting go of fear**. California, EEUU. : *Editorial Celestial Arts*, pp.169-170; International Association of Fire Chiefs. (2009). **Fire Officer: Principles and Practice**. Sudbury, MA. : *Jones & Bartlett Publishers*, pág. 123; Jackson, C. L . (2001). **African American education: a reference handbook**. Santa Barbara, California. : *ABC-CLIO Publisher*, pág.5.

cxxiiiKanellos, N., Weaver, T. & Esteva-Fabregat, C. (1994). **Handbook of Hispanic Cultures in the United States: Anthropology**. Houston, TX.: *Arte Público Press*, pp. 300-303; Johnson, J. L. (2003). **Distance education: the complete guide to design, delivery, and improvement**. New York, NY. : *Teachers College Press*, pág. 145.

cxxivCastellucci, M. (2001). **Game plan for distance learning**. Lawrenceville, NJ. : *Editorial Peterson's*, pp. 74-76.

cxxvDistance Education and Training Council. (2009). **About Us**. Washington, DC. Información consultada el 30 de junio de 2009, de http://www.detc.org/about.html; California Miramar University. (2007). **Accreditation**. California, EEUU. Información consultada el 1 de agosto de 2009, de http://www.calmu.edu/main-navigation/about/accreditation.html.

cxxviHarnett, B. (1984). **Law, lawyers, and laymen: making sense of the American legal system**. San Diego, California.: *Editorial Harcourt Brace Jovanovich*, pág. 29; United States Department of Labor. (2006). **Occupational Outlook Handbook, 2006-2007 Edition**. New York, NY.: *McGraw-Hill Professional*, pág. 205; Parker, J. (2009). **American Law School Degrees**. Charleston, SC.: *Editorial BiblioBazaar*, pp. 1906-1907; American Bar Association. (2009). **ABA-Approved Law Schools**. Chicago, IL. Información consultada el 12 de junio de 2009, de http://www.abanet.org/.

cxxviiCuéllar, L. M. & Diane B. Ginsburg, D. B. (2009). **Preceptor's Handbook for Pharmacists**. Bethesda, MD.: *The American Society of Health-System Pharmacists*, pp. 217-218; McCarthy, R. & Schafermeyer, K. W. (2007). **Introduction to health care delivery: a primer for pharmacists**. Sudbury, MA.: *Jones & Bartlett Publishers*, pp. 86-87; Accreditation Council for Pharmacy Education. (2009). **About ACPE**. Chicago, IL. Información consultada el 30 de junio de 2009, de http://www.acpe-accredit.org/about/default.asp.

cxxviiiMarcinko, D. E. (1992). **Medical and surgical therapeutics of the foot and ankle**. Barcelona, España.: *Editorial William & Wilkins*, pág. 9; Council on Podiatric Medical Education. (2009). **Accreditation**. Bethesda, MD. Información consultada el 30 de junio de 2009, de http://www.cpme.org/.

cxxixMichigan Legislative Council. (1999). **Michigan administrative code: complete through January 1, 1999, Volume 5**. Cleveland, OH.: *Editorial Conway Greene*, pág. 409; Council for Higher Education Accreditation. (2009). **Programmatic Accrediting Organizations 2009-2010**. Washington, DC. Información consultada el 30 de junio de 2009, de http://www.chea.org/Directories/special.asp.

cxxxWalston, R. (2007). **Walston's Guide to Christian Distance Learning**. Longwood, FL.: *Xulon Press*, pág. 283; Council for Higher Education Accreditation. (2009). **National Faith-Related Accrediting Organizations 2009-2010**. Washington, DC. Información consultada el 28 de julio de 2009, de http://www.chea.org/Directories/faith.asp.

cxxxiLain-Kennedy, J & Laramore, D.(1997). **Joyce Lain Kennedy's Career Book**. New York, NY.: *McGraw-Hill Professional*, pág.286; The Rabbinical College of America. (2009). **About The Rabbinical College of America**. Morristown, NJ. Información consultada el 28 de julio de 2009, de http://www.rca.edu/.

cxxxiiAntioch University. (2009). **Open Positions at Antioch University Los Angeles**. California, EEUU. Información consultada el 18 de agosto de 2009, de http://www.antiochla.edu/about-antioch/job-opportunities/2.html.

cxxxiiiRecuérdese que cuando decimos universidad acreditada, nos estamos refiriendo a instituciones que están acreditadas por agencias de acreditación que están reconocidas por el Departamento de Educación de los Estados Unidos de América. Véase, sobre lo discutido: Bates Technical College. (2009). **Position: Part-Time Academic Faculty - Job # PTF - 720**. Tacoma, WA. Información consultada el 18 de agosto de 2009, de https://www.bates.ctc.edu/jobs/jobs.aspx?id=21&type=1&int=External.

cxxxivCalifornia Postsecondary Education Commission. (2009). **Frequently Asked Questions**. California, EEUU.: *State of California*. Información consultada el 30 de junio de 2009, de http://www.cpec.ca.gov/SecondPages/FAQ.asp?Category=3.

cxxxvArkansas State Board of Private Career Education. (2006). **Students - FAQs**. Arkansas, EEUU.: *State of Arkansas*. Información consultada el 1 de octubre de 2009, de http://www.sbpce.org/students_faqs.html.

cxxxviLurie, G. (2006). **Woodard Awaits Judge's Decision**. Visalia, CA.: *The Valley Voice Newspaper*. Información consultada el 1 de agosto de 2009, de http://www.valleyvoicenewspaper.com/vvarc/2006/august162006.htm.

cxxxviiEscuela de Derecho de la Universidad de Puerto Rico. (2009). **Admisiones**. San Juan, Puerto Rico. Información consultada el 18 de agosto de 2009, de http://lspo.law.upr.edu/portal/page?_pageid=33,150966&_dad=portal&_schema=POR TAL.

cxxxviiiHarvard Law School. (2009). **JD Admissions**. Cambridge, MA.: *Harvard University*. Información consultada el 18 de agosto de 2009, de http://www.law.harvard.edu/prospective/jd/apply/transfer.html.

cxxxixYale Law School. (2009). **Apply as a J.D. Transfer Student**. New Haven, CT.: *Yale University*. Información consultada el 18 de agosto de 2009, de http://www.law.yale.edu/admissions/JDTransferStudent.htm.

cxlVéanse las palabras de Ángel Luís Ortiz García, Catedrático de la Universidad de Puerto Rico, en: Ortiz, A. L. (2005, 18 de octubre). **UPR y la Middle States**. Guaynabo, Puerto Rico.: *El Nuevo Día*. Recuperado el 18 de octubre de 2005, de http://www.endi.com/.

cxliInternational Seminary. (2006). **Acceptance of credits**. Plymouth, FL. Información consultada el 31 de octubre de 2009, de http://www.internationalseminary.com/.

cxliiMadison University. (2008). **About MU**. Gulfport, MS. Información consultada el 18 de agosto de 2009, de http://www.madisonu.com/about_mu.html.

cxliii**Soberanía**. (2009). Enciclopedia Microsoft Encarta Online 2009. *Microsoft Corporation*.: Redmond, WA. [Versión "online" en español].

cxlivLansbridge University. (2008). **Accredited Online MBA for Canada**. New Brunswick, Canadá. Información consultada el 29 de diciembre de 2008, de http://www.lansbridge.edu/index.php/about-lu/accreditation/.

cxlvInternational Career School Canada. (2009). **Accreditation and Certification**. Westmount, Canadá. Información consultada el 31 de octubre de 2009, de http://www.icslearn.ca/accreditation.html.

cxlviMalpert, R. & Petersen, A. (2000). **Business immigration law: strategies for employing foreign nationals**. New York, NY.: *Law Journal Press*, pp. 57-58.

cxlviiBear, J. (2003). **Bear's Guide to College Degrees by Mail & Internet**. New York, NY.: *Ten Speed Press*, pp. 42-43; National Association of Credential Evaluation Services. (2003). **The Standard of Excellence**. Culver City, CA. Información consultada el 30 de junio de 2009, de http://www.naces.org/aboutnaces.htm.

cxlviiiCambridge International University. (2009). **Master-Información**. Birkirkara, Malta. Información consultada el 30 de junio de 2009, de http://www.acena.net/.

cxlixDepartamento de Estado los Estados Unidos de América. (2009). **Para presentar documentos de un país en otro: La Apostilla**. Bogotá, Colombia. *Embajada de los Estados Unidos de América en Colombia*. Información consultada el 30 de junio de 2009, de http://spanish.bogota.usembassy.gov/.

clOffice of Degree Authorization. (2009). **Frequently Asked Questions**. Eugene, OR. Información consultada el 31 de octubre de 2009, de http://www.osac.state.or.us/oda/faq.html.

cliNew Jersey Commission on Higher Education. (2009). **Accreditation & Diploma Mills: federal, State, International, and Other Resources**. New Jersey, EEUU. Información consultada el 31 de octubre de 2009, de http://www.state.nj.us/highereducation/More_HE_Resources/accreditation.htm.

cliiTesis y Monografías. (2009). **Los Resultados**. Caracas, Venezuela. Información consultada el 31 de octubre de 2009, de http://www.mistareas.com.ve/.

cliiiMiddle States Commission on Higher Education. (2009). **Frequently Asked Questions**. Philadelphia, PA. Información consultada el 30 de junio de 2009, de http://www.msche.org/?Nav1=About&Nav2=FAQ&Nav3=Question01.

clivPreston University. (2009). **Legal & Accreditation Status**. Los Ángeles, CA. Información consultada el 1 de julio de 2009, de http://www.preston.edu/legal.php.

clv«En algunos estados puede ser ilegal el uso de un título de una institución que no esté acreditada por una agencia de acreditación reconocida a nivel nacional, si no cuenta con la aprobación de la agencia estatal de educación superior.» (Traducción nuestra). Véase más información al respecto en: U.S. Department of Education. (2009). **Diploma Mills and Accreditation - Accreditation**. Washington, DC. Información consultada el 30 de junio de 2009, de http://www.ed.gov/.

clviUnited Nations Educational, Scientific and Cultural Organization. (2009). **United States of America education system**. Paris, Francia. *The International Association of Universities (IAU)*. Información consultada el 23 de abril de 2009, de http://www.unesco.org/iau/onlinedatabases/systems_data/us.rtf.

clviiU.S. Department of Education. (2007). **Accreditation and Quality Assurance: State Approval and Licensure**. Washington, DC. Información consultada el 30 de junio de 2009, de http://www.ed.gov/about/offices/list/ous/international/usnei/us/accred-state.doc.

clviiiCambridge Theological Seminary International. (2009). **Some Notes On Accreditation**. Byesville, OH. Información consultada el 28 de septiembre de 2009, de http://www.ministers-best-friend.com/.

clixU.S. Department of Education. (2005). **National Recognition of Accrediting Agencies by the U.S. Secretary of Education; Accreditation in the United States.** Recuperado el 6 de septiembre de 2005, de http://www.ed.gov/.

clxBreyer State University. (2008). **Accreditation Information.** Los Ángeles, CA. Información consultada el 30 de junio de 2009, de http://www.breyerstate.com/.

clxiMiami Christian University. (2009). **Frequently asked questions.** Miami, Florida. Información consultada el 25 de septiembre de 2009, de http://www.mcu.edu/faq.htm; Florida Vedic College. (2001). **Transfer and Credit Evaluation.** Florida, EEUU. Información consultada el 18 de agosto de 2009, de http://www.floridavediccollege.edu/.

clxiiNew York State Office of Children and Family Services. (2009). **Frequently Asked Questions about the Educational Needs of Youth in Care.** Rensselaer, New York. Información consultada el 18 de agosto de 2009, de http://www.ocfs.state.ny.us/main/ddps/Edu_opp/Ed_Forums_FAQs.asp.

clxiiiMadison University. (2008). **About MU.** Gulfport, MS. Información consultada el 18 de agosto de 2009, de http://www.madisonu.com/about_mu.html.

clxivConcordia College & University. (2009). **Accreditation, Government Recognition, Trademark & References.** Roseau, Commonwealth of Dominica. Información consultada el 18 de agosto de 2009, de http://www.concordia-college.net/aboutconcordia.html.

clxvU.S. Department of Education. (2009). **Types of Accreditation.** Washington, DC. Información consultada el 30 de junio de 2009, de http://www.ed.gov/admins/finaid/accred/accreditation_pg2.html.

clxviCovenant Bible College & Theological Seminary. (2009). **Accreditation.** New Albany, IN. Información consultada el 30 de diciembre de 2009, de http://www.cbcts.us/accreditation.htm; International College of Metaphysical Theology. (2009). **Licenses & Credentials.** Washington, EEUU. Información consultada el 13 de julio de 2009, de http://www.metaphysicscollege.com/.

clxviiVéanse las palabras exactas que manifestó la institución mencionada: «*The accreditation process is strictly voluntary. Theology, like religion, is protected under the first amendment of the United States Constitution. This amendment guarantees the right to practice and teach others.*» Para más información sobre esto, véase: International College of Metaphysical Theology. (2009). **Licenses & Credentials.** Washington, EEUU. Información consultada el 13 de julio de 2009, de http://www.metaphysicscollege.com/.

clxviiiFlorida Vedic College. (2009). **Religious accreditation.** Florida, EEUU. Información consultada el 31 de octubre de 2009, de http://www.floridavediccollege.edu/.

clxixInternational Theological University. (2009). **Frequently Asked Questions.** Pasadena, CA. Información consultada el 13 de julio de 2009, de http://www.education-1.net/frequentlyaskedquestions.htm.

clxxCambridge Theological Seminary International. (2009). **Some Notes On Accreditation.** Byesville, OH. Información consultada el 28 de diciembre de 2009, de http://www.ministers-best-friend.com/.

clxxiCovenant Bible College & Theological Seminary. (2009). **Accreditation.** New Albany, IN. Información consultada el 30 de diciembre de 2009, de http://www.cbcts.us/accreditation.htm.

clxxiiEustaquio, R. G. (2003). **El derecho indígena**. Universidad de Uppsala, Centro de Documentación Mapuche.: *Río Negro Online*. Información consultada el 30 de junio de 2009, de http://www.mapuche.info/indgen/rionegro031202a.html.

clxxiiiEustaquio, R. G. (2003). **El derecho indígena**. Universidad de Uppsala, Centro de Documentación Mapuche.: *Río Negro Online*. Información consultada el 30 de junio de 2009, de http://www.mapuche.info/indgen/rionegro031202a.html. Lease, ademas: **Indian Reorganization Act of 1934** (P.L. 73-383); **Indian Civil Rights Act** (1968), 25 U.S.C. Secs. 1301 et seq; International Theological University. (2009). **Frequently Asked Questions**. Pasadena, CA. Información consultada el 1 de julio de 2009, de http://www.education-1.net/frequentlyaskedquestions.htm.

clxxivWolfe, J. (2009) **¿Cómo escribir una tesis de grado?** Montevideo, Uruguay.: *Monografías*. Recuperado el 12 de octubre de 2009, de http://www.monografias.com/.

clxxvChinneck, J. W. (2009). **Las tesis de grado: como organizarlas**. Otawa, Canadá.: *Carleton University*. Información consultada el 1 de octubre de 2009, de http://www.gcolatinam.com/files/LAS_TESIS_DE_GRADO_2.htm.

clxxviCentro de Estudios Superiores del Valle de Iguala. (2009). **La importancia del Reconocimiento de Validez Oficial de Estudios (RVOE)**. Iguala, México.: Información consultada el 25 de diciembre de 2009, de http://www.cesviuniversidad.edu.mx/web/index.php?option=com_content&view=articl e&id=57%3Arvoe&catid=34%3Ageneral&Itemid=59.

clxxviiHopgood, E. (2005, 13 de octubre). **Esfuerzo por la convalidación de grados universitarios**. Guaynabo, Puerto Rico. *El Nuevo Día*. Recuperado el 13 de octubre de 2005, de http://www.endi.com/.

clxxviiiMarco Polo International University. (2009). **Frequently Asked Questions**. Panamá City, República de Panamá. Información consultada el 31 de octubre de 2009, de http://www.marcopolo-u-edu.org/about-MPIU/frequently-asked-questions.php; Marco Polo International University. (2009). **Professional Affiliations**. Panamá City, República de Panamá. Información consultada el 31 de octubre de 2009, de http://www.marcopolo-u-edu.org/MPIU-Story/professional-affiliations.php.

Libros del autor

Ismael Leandry-Vega

El Imperio de
la Vagina

«La mujer se constituyó en un ser
muy superior al hombre.»
Dr. Gary Becker, premio Nobel de Economía

RELIGIÓN, EL ENEMIGO NÚMERO UNO DE LA LIBERTAD DE EXPRESIÓN

ISMAEL LEANDRY VEGA

Ismael Leandry

VIGILANCIA ELECTRÓNICA
POR CÁMARAS DE SEGURIDAD

www.ingramcontent.com/pod-product-compliance
Lightning Source LLC
Chambersburg PA
CBHW032016170526
45157CB00002B/717